Jochen von Fircks · Normannenschiffe

Jochen von Fircks

Normannenschiffe

Die normannischen Bayeux-Langschiffe
und die frühmittelalterliche Nef der Cinque Ports

VEB Hinstorff Verlag Rostock 1986

Die Siegeldarstellungen (Fotos: G. Ewald, Zeichnungen: G. Nützmann) wurden dem Buch von Herbert Ewe „Schiffe auf Siegeln" entnommen.

Modellbau des normannischen Langschiffs: Dr. Paul Broße

Fircks, Jochen von:
Normannenschiffe : d. normann. Bayeux-Lang-
schiffe u. d. frühmittelalterl. Nef d.
Cinque Ports / Jochen von Fircks. – 1. Aufl.
– Rostock : Hinstorff-Verl., 1986. – 56 S. :
zahlr. Ill. & 6 Taf. : Risse. – (Blaue Reihe)

ISBN 3-356-00014-4
©VEB Hinstorff Verlag Rostock 1986
1. Auflage 1986. Lizenz-Nr. 391/240/34/86
Printed in the German Democratic Republic
Ausstattung: Heinz Holzgräbe
Herstellung: Offizin Andersen Nexö,
Graphischer Großbetrieb Leipzig III/18/38
Bestell-Nr. 522 767 1

02400

Inhaltsverzeichnis

Einleitung

Entgegen der allgemeinen Gewohnheit, die Begriffe Wikinger und Normannen gleichbedeutend zu verwenden, unterscheiden wir zwischen Wikingern und Normannen.

Wikinger sind die Einwohner aus Norwegen, Dänemark und den südwestlichen Gebieten Schwedens, die dort in der Zeit von 800 bis 1050 leben. Die Wikinger unternehmen Raubfahrten und Kriegszüge vor allem nach England und Frankreich. Dort und in Irland, Island und sogar in Grönland siedeln sie. Die Wikinger kommen auf ihren Fahrten bis nach Nordamerika. Als Händler bereisen sie ganz Europa.

Normannen sind Nachkommen der Wikinger, die sich im 9. Jahrhundert in Nordfrankreich ansiedeln. Zu Beginn des 11. Jahrhunderts zieht ein kleines normannisches Landheer quer durch Europa bis nach Süditalien. Von Aversa bei Neapel ausgehend, gewinnen sie seit 1016 nach und nach die Herrschaft über ganz Süditalien und Sizilien. Die Regentschaft über das „Königreich beider Sizilien" verlieren sie erst 1194, als durch Heirat ein Sohn des Kaisers Friedrich Barbarossa dort König wird. Die normannisch-sizilianische Flotte besteht aus den damals im Mittelmeer gebräuchlichen Schiffen wie Dromone, Galeere und Barke, die ein kleines, meist in der Fischerei benutztes Fahrzeug ist.

Wichtig für uns sind die Aktivitäten der Normannen in England und die Schiffe, die die Normannen für ihre Fahrten über den englischen Kanal in der Zeit vom 11. bis zum 13. Jahrhundert benutzen. Aus heutiger Sicht sind, zeitlich gegeneinander versetzt, zwei Schiffstypen vorherrschend.

Einmal sind es die Langschiffe, die die Normannen, ähnlich wie ihre Waffen, weitgehend nach nordischem Vorbild bauen. Aus derartigen Fahrzeugen besteht auch eine große Flotte, mit der im Jahr 1066 ein normannisches Heer über den Kanal nach England übersetzt. Schiffe dieser Flotte zeigt der Teppich von Bayeux. Nach diesem Teppich nennen wir die Langschiffe der Normannen die Bayeux-Langschiffe.

Mit der normannischen Eroberung von England beginnt 1066 eine normannisch-englische Politik, die im Gegensatz zu den Interessen der französischen Könige steht. Für die zahllosen Kriege sind Truppen über den Kanal zu transportieren. Zunehmend finden Seegefechte statt. Auch wächst der Handel von und nach England. Die englischen Städte am Kanal bekommen dadurch besondere Rechte und Pflichten. Die führenden Hafenstädte sind die der Cinque Ports. Nach dieser Vereinigung werden die frühmittelalterlichen englischen Handelsfahrzeuge Cinque-Ports-Schiffe genannt; Nef ist dafür die bekanntere Bezeichnung. Die Cinque-Ports-Schiffe verdrängen auch die Langschiffe, die weniger seetüchtig und bei Seegefechten im Nachteil sind. Das Wort „nef" bedeutet in der französischen Sprache „Schiff". Die Nef ist ein einmastiges Frachtschiff, das sich vom 11. bis 16. Jahrhundert in verschiedenen Entwicklungsstufen wandelt. Daß die Nef im 11. bis 13. Jahrhundert an der westfranzösischen Küste als Mischtyp zwischen dem Normannenschiff und den völligeren Schiffstypen der romanischen Länder entsteht, dafür ergeben sich eigentlich keine Anhaltspunkte. So wird der von romanischen Schiffbauern bevorzugte Krawelbau bei der Nef erst eingeführt, als Venedig in seiner Blütezeit sich des Schiffstyps Nef annimmt und bis zu 42 m lange und 13 m breite Schiffe mit bis zu 200 t Tragfähigkeit baut. Die frühe Nef wird in England, das im 11. Jahrhundert zuerst dänischen, dann normannischen Einflüssen ausgesetzt

ist, aus der Knorre der Wikinger entwickelt. Auch darüber berichtet dieses Buch.

Anders als bei den Wikingerschiffen hat man bislang weder ein normannisches Langschiff noch ein Cinque-Port-Schiff gefunden und ausgegraben. Die nachfolgend vorgestellten Konstruktionen eines Bayeux-Normannenschiffs und einer Nef der Cinque Ports entstanden nach Auswertung anderer Rekonstruktionsversuche, unter Berücksichtigung der künstlerischen Abbildungen im Bayeux-Teppich und Beachtung der frühmittelalterlichen Schiffsdarstellungen in den Stadt-Siegeln und der Bauprinzipien der späten Wikingerschiffe.

Die Bayeux-Langschiffe

Das Entstehen des Herzogtums Normandie

Wie in den Jahren 845, 857 und 861 belagert auch 885 ein großes Wikingerheer die Stadt Paris. Diesmal sollen 30000 Wikinger in über 700 Schiffen gekommen sein. Möglich ist, daß die Chronisten übertreiben. Auch ein Heer von 3000 Männern ist damals eine große Streitmacht. Während der Belagerung zahlt die Stadt Geld, ohne dadurch den Abzug der Wikinger zu erreichen. Dann jedoch geben die Wikinger ihr Vorhaben auf, Paris zu erobern. Sie fahren die Seine abwärts und lassen sich, weil sie dort keiner verjagt, im Gebiet der Seine-Mündung nieder.

Als Karl der Kahle (Tabelle 1) im Jahre 877 stirbt, ist Frankreich für längere Zeit ohne starken König, und die Großherzogtümer, die einst Karl der Große (768–814) beseitigt hat, gewinnen wieder an Macht und Unabhängigkeit. Erst Karl der Einfältige kann die seit über 25 Jahren bestehende alleinige Herrschaft der Wikinger im Gebiet der Seine-Mündung in das französische Königreich einfügen. Im Herbst des Jahres 911 verhandelt der König mit Rollo, einem der Anführer der Wikinger. Der wahrscheinlich in Norwegen geborene Rollo erklärt sich bereit, Vasall des Königs zu werden und als lehnspflichtiger Herzog über die Gebiete um Rouen zu herrschen. Zur gleichen Zeit läßt Rollo sich taufen. Auch darf er eine Tochter seines Lehnsherrn heiraten. Später erlangt Rollo Rechte über das Land um Bayeux (Fig. 1).

Wie der Wikinger Rollo kommen viele seiner Krieger und Schiffsleute als junge Männer aus Norwegen und überwiegend aus Dänemark. Für ihre Kinder, die in der Normandie von französischen Frauen geboren werden, ist die Muttersprache und die erste Erziehung französisch. Erst als Jünglinge lernen sie von ihren Vätern die Waffenhandhabung, die sich über Generationen nach nordischem Brauch richtet. Schon bald unterscheiden sich die Normannen in Sprache und Sitten von ihren nordischen Verwandten, den Wikingern. Die Verehrung der nordischen Götter um Odin und Thor hat durch die allgemeine Einführung des Christentums aufgehört. Stilelemente der hölzernen Odinstempel und der daraus entwickelten, ebenfalls aus Holz gebauten Stabkirchen bringen die Normannen in die Architektur des Kirchenbaus aus Stein ein, indem sie die Senkrechte bei der Gestaltung der Wandelemente betonen und dadurch zu technisch neuen Konstruktionen von Kirchengewölben kommen.

Verblüffend ist, daß aus den herumstreifenden Wikingerscharen in der Normandie ein Herzogtum mit hoher staatlicher Verwaltung und Organisation entsteht. „Vielleicht hat die Berührung mit der lateinischen Welt", schreibt Trevelyan (nach Theisen), „jenen Sinn für … geordnete Verwaltung bei ihnen geweckt, der den Skandinaviern sowohl in der Heimat wie in England abging. Aber deshalb wa-

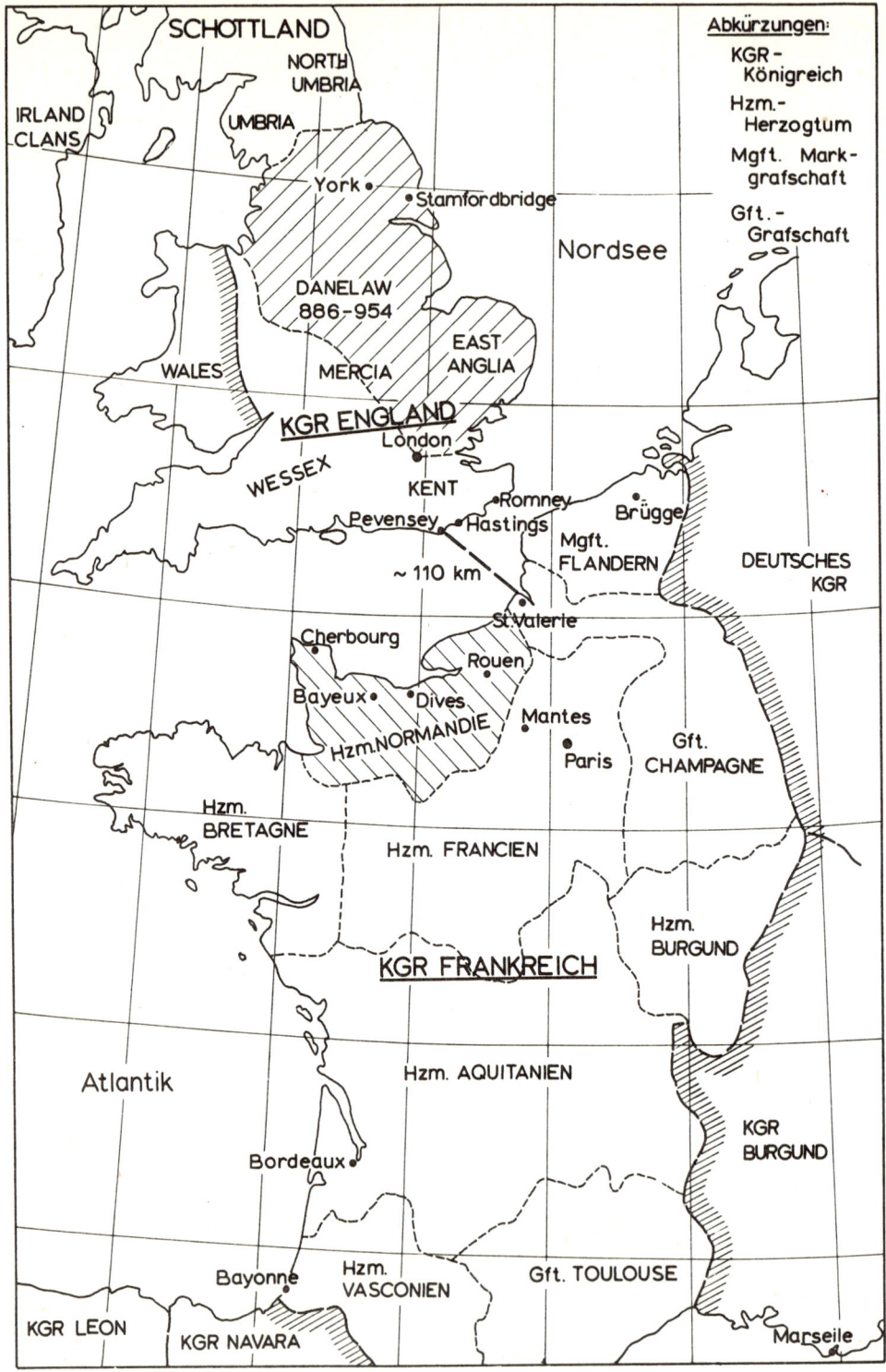

Fig. 1 Frankreich und England im 11. Jahrhundert

ren die Normannen noch lange kein zivilisiertes Volk in unserm Sinn. Abgesehen von wenigen Gelehrten und Geistlichen konnten die Angehörigen der herrschenden Klasse weder lesen noch schreiben. Die Normannen waren ebenso unmenschlich wie ihre angelsächsischen Zeitgenossen, jedoch viel tätiger und energischer und verübten daher vielmehr Taten von empörender Grausamkeit."

Rollos Sohn Wilhelm I., genannt Langschwert, erweitert die Herrschaft der Normandie, als seine Krieger die Bretonen von der Halbinsel Cotentin und aus der Stadt Cherbourg vertreiben. Er wird 942 ermordet. Richard I., ein Enkel von Rollo, kommt als junger Herzog in Gefangenschaft des Frankenkönigs. Bei den Feldzügen des Königs gegen die Normannen, die aus Skandinavien Hilfe und Unterstützung erhalten, kommt es zur Gefangennahme des Königs und dessen Auslieferung an seinen Widersacher, Hugo den Großen. Später, im Jahre 960, sind nochmals königliche Versuche zur Unterwerfung des Herzogtums Normandie abzuwehren. Mit Unterstützung durch die Normannen kommt schließlich Hugo Capet als Regent auf den französischen Königsthron.

Richard II., Großenkel von Rollo und von 996 bis 1026 oder 1027 Herzog der Normandie, behauptet seine Macht gegen eine Bauernerhebung und eine englische Invasion. Er hat noch gute Verbindungen nach Skandinavien. Für einen Feldzug in Frankreich erbittet er Hilfe aus Dänemark. Um seine Nachfolge streiten sich seine Söhne Richard III., der ein oder zwei Jahre nach seinem Vater stirbt, und Robert I., der als alleiniger Regent das Gebiet der Normandie nochmals erweitert.

Wilhelm der Eroberer, Herzog der Normandie

Robert I., den die einen den „Herrlichen" und die anderen den „Teufel" nennen, ist der Vater von Wilhelm II., der ebenfalls zwei zusätzliche Namen hat. Zuerst heißt Wilhelm für viele nur der „Bastard".

Das bezieht sich auf seine Geburt. Robert, so die Legende, sieht von seinem Schloß in Falaise ein junges Mädchen baden. Arlette, die Tochter eines Gerbers oder Kürschners, antwortet dem herzoglichen Boten, der sie für die Nacht auf das Schloß zum Herzog befiehlt, sie würde kommen – aber am Tage. Arlette wird 1028 im Schloß Falaise von einem Jungen entbunden, der Wilhelm getauft wird. Bevor Herzog Robert 1034 sich einem Kreuzzug anschließt, hält er ein Konzil in Fecamp, auf dem die normannischen Barone widerstrebend den unehelich geborenen Wilhelm als Sohn des Herzogs und als dessen Nachfolger anerkennen. Als Robert 1035 stirbt, ist es ungewiß, ob der damals siebenjährige Wilhelm die nächsten zwölf Jahre überlebt und sich als Herzog der Normandie behaupten kann. Wichtig für Wilhelm ist in dieser Zeit die Unterstützung durch den französischen König Heinrich I., der ihn bei der in der Nähe von Caen stattfindenden Schlacht gegen aufständische Normannen-Barone unterstützt. Als Wilhelm 1049 Mathilda, die Tochter des Grafen von Flandern, heiratet und dadurch zusätzliche Verbündete erhält, ändert sich die Haltung des Königs. Der Normannenherzog hat sich nun bei aller Unzufriedenheit im eigenen Land 1054 und 1058 in Kämpfen gegen Truppen des französischen Königs zu behaupten.

Wilhelm geht gegen alle vor, die ihn und sein Herzogtum in Frage stellen. Unter dem zusätzlichen Schutz einer fremden Garnison fühlen sich die Einwohner von Alencon sicher. Auf den Wällen ihrer Stadtbefestigung schwenken sie Felle und schreien, auf Wilhelms Großvater Bezug nehmend, „Felle für den Gerber". Alencon wird gestürmt, niedergebrannt, und auf Wilhelms Befehl werden die führenden Einwohner der Stadt grausam verstümmelt.

Nach 1058, nach einem Sieg über das Heer des Königs und nach dessen Tod im Jahre 1060 konzentriert Wilhelm seine Bemühungen auf die Festigung seiner Macht in der Normandie.

Wilhelms zweiter Beiname, der „Eroberer", entsteht durch die erfolgreiche Inbesitznahme der englischen Krone. Bereits Wilhelms Vater, der mit Estrid, einer Schwester des dänisch-englischen Königs Knut, verheiratet ist, werden Pläne für eine England-Invasion nachgesagt.

Wilhelms Pläne und Aktivitäten in dieser Richtung beziehen sich auf den englischen König Eduard den Bekenner, der von 1042 bis 1066 regiert. Eduard ist durch seine Mutter Emma, einer Tochter des Normannenherzogs Richard I., mit Wilhelm verwandt. Eduard wächst in der Normandie auf, als England unter dänischer Herrschaft ist. Er holt später viele Normannen zum Dienst an den Königshof. Eduard heiratet 1045 Edith, eine Tochter Godwins, der bereits unter den dänisch-englischen Königen zu Reichtum und Macht kam. 1051 stellen sich Godwin und seine Söhne mit einem Heer gegen König Eduard und gegen die zunehmende Macht der normannischen Ausländer. Godwin wird geächtet. Edith geht in ein Kloster. Bereits ein Jahr später ist der König gezwungen, Godwin und seine Söhne wieder einzusetzen.

Weil König Eduard absehbar ohne Kinder bleiben wird, hat man in England, Norwegen, Dänemark und auch in der Normandie Anlaß, eigene Schritte für eine englische Thronfolge vorzubereiten.

In Norwegen wartet Harald Hårdraade, der sich als Krieger in der byzantinischen Kaiserarmee bei Kämpfen in Sizilien und Bulgarien durch Heldentaten einen Namen gemacht hat und durch Zufall und Glück norwegischer König ist, auf den Tod von König Eduard. Harald Hardraade beruft sich auf Rechte, die ihm ein mündlicher Vertrag mit dem dänisch-englischen König Knut einräumt. Dabei stört ihn nicht, daß König Knut schon 1042 gestorben ist.

Auch in Dänemark rechnet sich ein König, Swen II., einen Anspruch auf die englische Krone aus, da seine Mutter Knuts Schwester ist. Jedoch wird er nicht in England aktiv. Erst Swens Sohn Knut bereitet 1085 eine England-Invasion vor. Diese Aktivitäten werden schon bald aufgegeben; man vermutet englische Zahlungen an den dänischen Königshof.

In England hat um 1066 Godwins Sohn Harald einen starken Einfluß am königlichen Hof. Ihm verspricht König Eduard auf dem Totenbett den Thron. Einen Tag nach Eduards Tod und nach der Wahl durch Edelleute, die sich in London und Umgebung aufhalten, wird am 6. Januar Harald II. zum englischen König gekrönt.

Dadurch fühlt Herzog Wilhelm sich zweifach herausgefordert. Einmal – Historiker zitieren die Version D der Anglo-Sächsischen Chronik – bestimmt König Eduard im Jahre 1051 ihn bei einem Besuch in England zum zukünftigen König. Zweitens strandet 1064 Harald mit einem Schiff an der normannischen Küste. Harald nimmt an einem normannischen Feldzug in der Bretagne teil und erhält dabei von Wilhelm wie ein Lehnsmann ein Schwert. Nach normannischer Darstellung leistet er auch den Eid, Wilhelms Anspruch auf den englischen Thron zu unterstützen. Wie auch immer, im Jahre 1066 überschlagen sich die Ereignisse, die günstig für den vom Glück bevorzugten Wilhelm und dessen Gefolgsleute ausgehen.

Im September 1066 landet Harald Hardraade mit einer Flotte in Northumbria. Dieses Herzogtum hatte der jetzige König Harald seinem Bruder Tostig ein Jahr zuvor abgenommen. Fast gleichzeitig mit den Norwegern ist auch Tostig mit Mannschaften wieder in Northumbria. Die vereinten Heere von Harald Hardraade und Tostig fahren den Fluß Humber aufwärts und schlagen am 20. September ein englisches Heer bei Fulford.

Überraschend werden sie dann durch Haralds Armee bei Stamfordbridge gestellt und am 25. September besiegt. Tostig und Harald Hardraade kommen dabei um.

Bereits drei Tage später, am 28. September landet Wilhelm mit seiner Flotte in der Pevensey Bucht.

Noch Anfang September liegen zahlreiche englische Schiffe in Erwartung einer Normannen-Invasion an der Südküste Englands. Ursprünglich hatte Harald diese Flotte dorthin beordert, um im Mai die Einfälle von Tostigs Mannschaften abzuwehren, die zusammen mit einem flämischen Heer die Ost- und Südküste bedrohen. Am 9. September wird die englische Flotte zurück zur Themse geschickt. Dabei gehen viele Schiffe durch stürmisches Wetter verloren.

Und gerade das stürmische Herbstwetter des Jahres 1066 verzögert immer wieder die Überfahrt der normannischen Invasionsflotte, die, seit Anfang August in der Mündung des Flusses Dives und seit dem 12. September nach St. Valery verlegt, auf günstige Bedingungen für die Kanalüberfahrt wartet.

Die meisten Schiffe von Wilhelms Flotte sind von Januar bis August gebaut worden. Die Zahl der Schiffe ist nicht bekannt. Heute wird die Invasionsarmee auf etwa 8000 Mann geschätzt. Davon sind 2000 beritten.

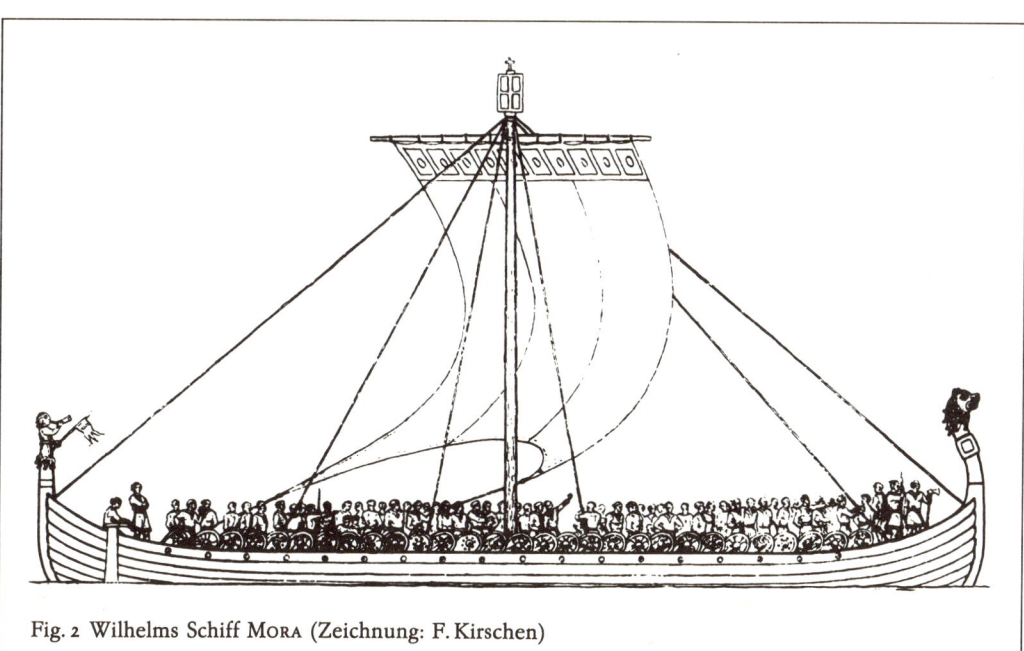

Fig. 2 Wilhelms Schiff MORA (Zeichnung: F. Kirschen)

Fig. 3 Die normannische Flotte vor der englischen Küste (Zeichnung: F. Kirschen)

In Wilhelms Heer dienen zahlreiche Ritter aus französischen Gebieten außerhalb der Normandie. Viele Adelssöhne bemühen sich, weil eine „fortlaufende Teilung des eigenen, oft sehr begrenzten Besitzes auf die Dauer nicht möglich ist, auf abenteuerliche Weise eine neue, standesgemäße Existenz zu finden". (Köller) Gleichgültig, ob in Süditalien oder bei den Kreuzzügen nach Spanien oder in den Orient oder bei Wilhelms Unternehmung, es finden sich genügend junge Leute, die mit Waffen umzugehen verstehen.

Wilhelm – anders als bei seiner Heirat, für die er den päpstlichen Segen erst 1052 nach Stiftung von zwei Klöstern erhält – hat im Jahre 1066 die päpstliche Befürwortung, weil Harald und die Seinen in ihrem Grimm auf alle normannischen Ausländer auch die aus der Normandie kommenden Bischöfe von Canterbury und Durchester 1052 zur Flucht gezwungen haben. Wilhelms Pläne versprechen, diesen Bruch kanonischen Rechts zu beseitigen.

Am 27. September 1066 abends wird auf Wilhelms Schiff MORA (Fig. 2) die Laterne angezündet, die das verabredete Zeichen für die Abfahrt ist. Nachts segelt die Flotte über den Kanal und landet am frühen Morgen in der Nähe von Hastings (Fig. 3). Schnell geht die Armee an Land,

baut und befestigt ein Lager und beginnt die Umgebung zu erkunden und zu verwüsten. Die Normannen bleiben aber in der Nähe ihrer Schiffe und erwarten bei Hastings Haralds Hauptmacht.

Haralds Heer legt die 400 Kilometer von York nach Hastings in weniger als zwölf Tagen zurück. Etwa 7000 Männer, neben Rittern auch schlecht ausgebildete und nur dürftig bewaffnete Bauern, lagern am 13. Oktober auf einer Höhe, etwa zehn Kilometer von Hastings entfernt. Harald hat kaum die Hälfte von Englands ausgebildeten Soldaten mobilisiert. Außerdem rückt er dem Normannenheer entgegen, das er möglichst schnell davonjagen möchte, anstatt auf Wilhelms Heer in einer günstigen Position zu warten.

Haralds Armee, in der Engländer und Nachkommen der Dänen kämpfen, steht auf der Hügelfläche eigentlich zu eng beieinander. Die Initiative wird den Normannen überlassen. Diese beziehen in der Morgendämmerung des 14. Oktober ihre Position. Am frühen Vormittag beginnen sie den Angriff mit Bogenschützen. Die dann in ganzer Front angreifende Infanterie wird jedoch zurückgeschlagen. Nachsetzende englische Verfolger werden durch die normannische Reiterei niedergemacht. Bei diesen Kämpfen läuft durch das normannische Heer das Gerücht, daß Wilhelm gefallen sei. Der öffnet sein Helmvisier, reitet umher und macht seinen Leuten Mut.

Die wilden Angriffe der Reiter zeigen aber vorerst wenig Wirkung bei den englischen Truppen. Diese halten, durch ihre „Schildwälle" geschützt, dem Angreifer stand und fügen ihm mit der beidseitig geschärften Kampfaxt schwere Verluste zu. Anders als früher bei den Wikingern, die mit verstellten Fluchten den Gegner aus der Verteidigungslinie lockten, um ihn dann leichter zu besiegen, fliehen hier die Normannen wirklich. Trotzdem werden dabei viele der verfolgenden Engländer getötet.

Die dauernden Angriffe haben aber die englischen Reihen erschöpft und gelichtet. Haralds Brüder sind bereits bei den Kämpfen gefallen, als ihn selbst am späten Nachmittag ein Pfeil tödlich trifft.

In der Dämmerung greifen die Normannen gemeinsam an und durchbrechen den englischen Schildwall. Die führerlosen Reste der englischen Truppen verlassen in der Dunkelheit das Schlachtfeld und überlassen Wilhelms erschöpfter Invasionsarmee den Sieg.

Wilhelm wird am Weihnachtstag 1066 in der Westminster Abbey zum englischen König gekrönt.

Der Teppich von Bayeux

Der von einem Künstler entworfene Teppich, von dem heute die beiden letzten Szenen auf der achten Bahn fehlen, zeigt die Vorgeschichte und die Ereignisse des Jahres 1066 aus normannischer Sicht: Haralds Fahrt nach Frankreich mit dem Schiffbruch und seine Aufnahme am normannischen Herzoghof mit der anschlie-

ßenden Heimfahrt nach England. Dann landet ein englisches Schiff in der Normandie, und man berichtet Wilhelm von Haralds Krönung. Die nächsten Bilder zeigen das Fällen von Bäumen, das Herstellen von Planken und den Bau von Schiffen. Fertige Schiffe, die fast über die gesamte Schiffslänge Riemenpforten haben, werden ins Wasser geschleppt. Nach dem Beladen segelt die Flotte ab. Bei Pevensey angekommen, legen Matrosen den Mast, und die Pferde werden an Land gebracht. Die für Wilhelm erfolgreiche Schlacht bei Hastings nimmt einen weiten Teil des Teppichs ein.

Lange Zeit wurde angenommen, daß Königin Mathilda zusammen mit ihren Damen den Bildteppich für die 1077 stattfindende Weihe der normannischen Kathedrale in Bayeux anfertigten. Nach neueren Vorstellungen ist es möglich, daß der Teppich erst um 1120 entstand.

Die acht Bahnen des Teppichs ergeben zusammen eine Länge von 70,3 Metern. Die Bahnen sind um 50 Zentimeter breit. Für das Stickgarn wurden hauptsächlich die Farben Terrakottarot, Blaugrün, Resedagrün, Rötlichgelb und ein sattes Blau verwendet. Ergänzt werden diese Farben durch ein dunkleres Grün, ein Gelb und ein fast schwarzes Blau.

Von derartigen Teppichen, die man damals häufig anfertigte, kommt der Teppich von Bayeux, „dieser zarte Leinwandstreifen, unbeschädigt durch die Jahrhunderte, wo so viele Bauten zu Ruinen zerfallen sind". (Gautier 1850, nach Stenton)

Der Teppich wird in den Inventurberichten der Kathedrale 1476 und 1724 genannt. 1729 erscheinen von ihm erste Bilder als Stiche. Dem englischen Archäologen Ducard wird 1752 mitgeteilt, daß jedes Jahr zum Fest der Reliquien und während der Oktave des heiligen Johannes der

„Sreifen" im Kirchenschiff aufgehängt wird. In der übrigen Zeit liegt er sorgfältig aufgerollt in einer der Südkapellen der Kathedrale. Während der französischen Revolution sind 1792 für den Abmarsch in ein Feldlager nicht genügend Planen vorhanden, um die Wagen abzudecken. Deshalb wird der Bildteppich auf die Wagen gelegt. Der Advokat Leforestier überzeugt die Anwesenden von der empörenden Unsinnigkeit, und anstelle des Bildteppichs kommt Sackleinwand auf die Wagen. 1940 verbirgt man den Teppich vor den deutschen Truppen. 1945 kehrt er aus dem Louvre in Paris, wo er nach Frankreichs Befreiung ein Jahr hängt, nach Bayeux zurück. Seit 1948 ist er im ersten Stock des früheren bischöflichen Palastes gegenüber der Kathedrale unter Glas ausgestellt. Eine spezielle Beleuchtung soll das Verblassen der Farben verhindern.

Anhand des Bayeux-Teppichs haben Historiker die normannische Bewaffnung studiert: Kettenhemden, Schilde, Schwerter (diese werden in Scheiden mitgeführt und haben zum Schutz der Hand Parierstangen), Äxte (sie unterscheiden sich von denen zur Holzbearbeitung), Keulen (diese werden als Wurfgeschoß und, anders bearbeitet, als Kommandostab benutzt), Speere und Lanzen (einzelne Lanzen haben schmale rechteckige Fähnchen als Zeichen für den Rang ihres Trägers) sowie Pfeil und Bogen (die kleiner sind als die Langbogen des späten Mittelalters).

Die normannischen Reiter benutzen Sporen, Sattel und Steigbügel. Die Haartracht der glattrasierten Normannen mit besonders am Hinterkopf kurzem Haar unterscheidet sich von den langen Haaren und Schnurrbärten der Angelsachsen. Jedoch haben zwei von den normannischen Schiffbauern Vollbärte, wahrscheinlich um ihr Alter und damit ihre Erfahrung zu zeigen.

Merkmale der Wikinger-Langschiffe

Hochseetüchtige Langschiffe sind heute durch das fast vollständig vorgefundene Gokstad-Schiff, das die Wikinger um 850 in Norwegen bauten, und das nur teilweise erhaltene Skuldelev-Langschiff, welches die Wikinger um das Jahr 1000 für Fahrten von und nach Dänemark benutzen, nachgewiesen. Typisch für beide Langschiffe sind der fast gerade, lange Kiel, das spitzgatte Heck, die geklinkerte Außenhaut, der mittig angeordnete klappbare Mast und das beim Gokstad-Schiff heute noch erhaltene, steuerbord befestigte Seitenruder sowie das durchgehende, jedoch nicht wasserdichte Deck.

Im Detail gibt es zwischen beiden Fahrzeugen zahlreiche Unterschiede. Diese zeigen den in fast 200 Jahren erreichten Fortschritt der Wikinger im Holzschiffbau. Die Unterschiede können zusätzlich auch, ohne daß das im Einzelfall heute noch nachweisbar ist, örtlich unterschiedliche Bauvarianten sein.

Der massive T-förmige Kiel des Gokstad-Schiffs ist beim Skuldelev-Langschiff einem Kiel mit einem trapezförmigen, kleineren Querschnitt und mit einer eingearbeiteten Sponung gewichen. Außer dem zweiten Plankengang, der beim Skuldelev-Langschiff (Fig. 4) – für uns heute unerklärlich – von innen gegen die benachbarten Gänge gesetzt ist, fallen die klampenlosen Planken der Außenhaut bei diesem Fahrzeug auf. Dagegen besitzt das Gokstad-Schiff eine Außenhaut, bei der bis fast zu den Decksbalken hinauf die Planken mittels Klampen, die aus den Planken herausgearbeitet sind, und Weidenruten an die Spanten gebunden sind (Fig. 5). Das Skuldelev-Fahrzeug hat Spanten, deren Außenkontur treppenförmig an

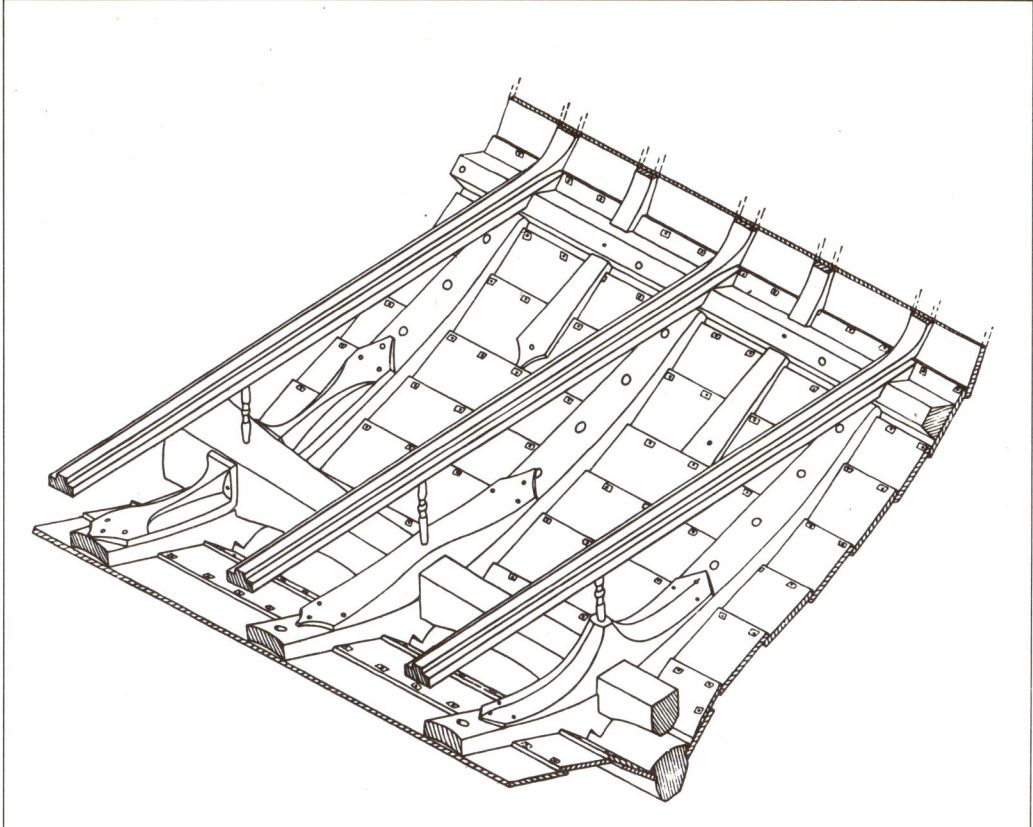

Fig. 4 Rekonstruierter Bereich des Skuldelev-Langschiffs (nach Olsen u. Crumlin-Pedersen)

die vorher klinker zusammengefügte Außenhaut angepaßt ist. Außenhaut und Spanten sind durch Niete und Holznägel miteinander verbunden.

Der innere Festigkeits-Verband ist beim Skuldelev-Langschiff gegliederter und differenzierter als beim Langschiff aus Gokstad. So ist der Spantabstand von 98 auf 74 cm reduziert. Beim Gokstad-Schiff befindet sich nur neben jedem zweiten Spant ein Auflanger. Diese Auflanger stützen die beiden oberen Plankengänge. Beim Skuldelev-Langschiff sind dagegen die Auflanger jeweils in die Mitte jedes Spant-Zwischenraums gesetzt. Das aus dem Roskilde Fjord geborgene Skuldelev-

Langschiff konnte nur vom Kiel bis zu den Decksbalken rekonstruiert werden.

Die Halterung des Mastes ist beim Gokstad-Schiff (Fig. 6) ähnlich massiv ausgeführt wie der Kiel. Das Kielschwein reicht über vier Spanten. Die Mastfischung sitzt auf insgesamt sechs Decksbalken. Vom Skuldelev-Langschiff ist ein 13 m langes, über 17 Spanten reichendes Kielschwein erhalten. Die Verbindung zwischen Spanten, Kiel und Kielschwein verstärken Wrangen, die ausgeklinkt auf Spanten und Kielschwein gesetzt sind, oder wahlweise dazu zwischen Spanten und Kielschwein eingebaute Knaggen.

Bei beiden Schiffen ist die Außenhaut

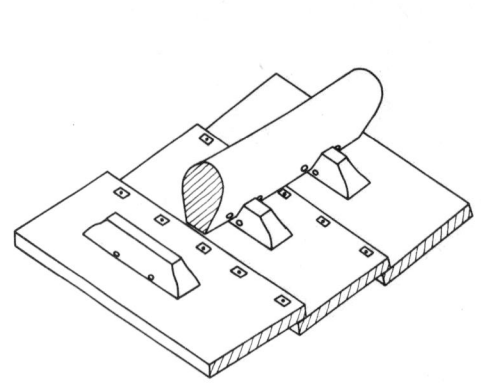

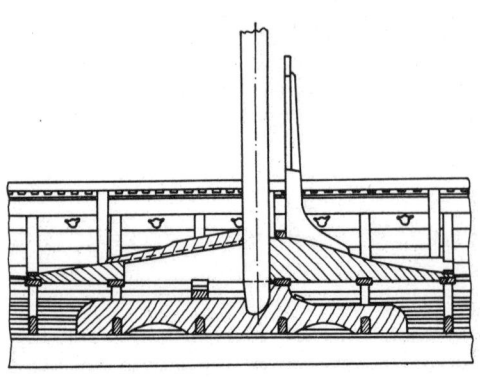

Fig. 5 Beim Gokstad-Schiff werden die Spanten an die aus dem Holz der Planken herausgearbeiteten Klampen gebunden.

Fig. 6 Schnitt durch die Masthalterung des Gokstad-Schiffs

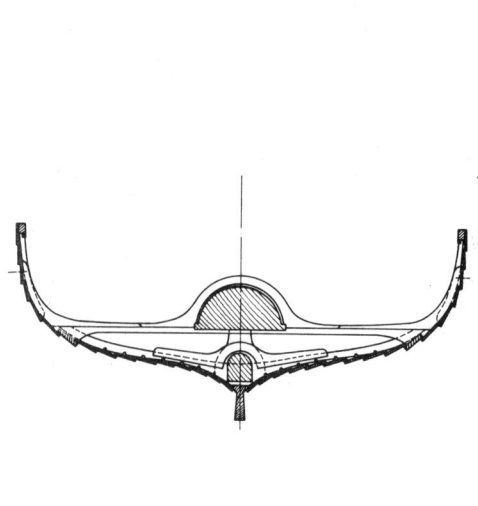

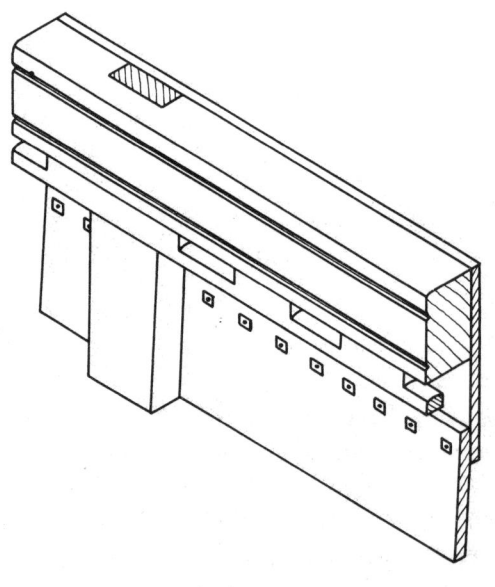

Fig. 7 Hauptspant des Gokstad-Schiffs

Fig. 8 Bereich des Bordgangs beim Gokstad-Schiff

im Bereich der Decksbalken steifer gehalten. Das Gokstad-Schiff hat dort eine deutlich dickere Planke (Fig. 7). Beim Skuldelev-Langschiff sitzt auf der Innenseite dieser Planke ein Längsstringer.

Die Verbindung der Planken untereinander erfolgt bei beiden Schiffen durch Stahlnägel, die auf der Innenseite der Planken auf quadratisch geschnittenen Blechscheiben, den Klinkscheiben, vernietet sind. Dichtungsmaterial sind pechgetränkte Schnüre aus Tierhaaren, die in eingearbeiteten Nuten im Bereich der gegenseitigen Berührungsflächen von den klinker gesetzten Planken liegen.

Die Außenhaut des Gokstad-Schiffs hat etwa 60 cm über dem Deck Riemenpforten, die alle im gleichen Plankengang liegen. Sie lassen sich von innen durch Verschlußklappen zusetzen, um beim Segeln eine möglichst dichte Außenhaut zu haben. Der Bordgang (Fig. 8) ist auf der Innenseite durch einen Längsstringer verstärkt, auf dessen Unterkante eine schmale Leiste mit Längseinschnitten zum Stringer gesetzt ist. Die Langlöcher, die so zwischen Längsstringer und Leiste entstehen, dienen zum Festbinden der Schilde bei „Paradefahrt" oder zum Zurren einer Persenning, die das Fahrzeug zeltartig abdeckt.

Allgemein interessiert bei Schiffen das Verhältnis von Länge zur Breite (Tabelle 2). Bei der Entwicklung von den frühen Wikingerfahrzeugen bis zum Gokstad-Schiff verringert sich der L:B-Wert. Die Schiffe erhalten zunehmend mehr Breite, um beim Segeln, Lasttransport und bei der Hochseefahrt bessere Eigenschaften zu haben. Mit dem bevorzugten Gebrauch der Knorren, die L:B-Werte um vier haben, verringern sich die Aufgaben für die Langschiffe, denen fast nur noch militärische Bedeutung zukommt. Wenn die für das Skuldelev-Langschiff errechneten Zahlen zutreffen, dann benutzen die Wikinger zu Beginn des 11. Jahrhunderts wieder schlankere Langschiffe, die sich für Fahrten auf der Nordsee und besonders auf der Ostsee eignen.

Da die im Bayeux-Teppich dargestellte Invasionsflotte nur aus einem Schiffstyp besteht, der in verschiedenen Größen gebaut wird, und da eine zweite Sorte von Schiffen, die zum Beispiel das hochsee-

tüchtige Frachtschiff Knorre verkörpern könnte, bei den wiedergegebenen Normannenschiffen fehlt, kann man vermuten, daß die in Norwegen, Dänemark und wahrscheinlich auch bereits in England bevorzugt benutzte Knorre in der Mitte des 11. Jahrhunderts noch nicht bis zur Normandie vorgedrungen ist. Die Normannen fahren 1066 mit den althergebrachten Langschiffen und transportieren damit ihre Soldaten, Waffen, Pferde und ihren Proviant über den Kanal. Wegen der von Küste zu Küste relativ geringen Entfernung kann man sich außerdem vorstellen, daß die Normannen die Schiffe ihrer Invasionsflotte bei gleichbleibender Seitenhöhe breiter bauen lassen, weil bei diesem „Fährunternehmen" schlanke und schnelle Schiffe ohne Vorteil sind.

Die normannischen Bayeux-Schiffe

Etwa 30 Jahre vor der Bergung der Skuldelev-Schiffe veröffentlichte Lienau Rekonstruktionsversuche über die Schiffe, mit denen Wilhelm und sein Heer im Jahr 1066 über den Kanal fuhren. Lienau verfügte über Erfahrungen mit historischen Schiffen. Er hatte im Gebiet von Ohra bei Danzig (Gdansk) alte Fahrzeuge untersucht, die zur Zeit der Wikinger das Produkt slawischer Bootsbauer waren.

Im Bayeux-Teppich ist auch Wilhelms Schiff MORA in der Gruppe von Fahrzeugen dargestellt, die den Kanal überqueren. Der lateinische, diese Szene erklärende Text lautet: „Hic Willem: Dux in magno navigo mare transivit et venit ad Pevenesae" (Hier Wilhelm: Der Herzog in einem großen Schiff überquert das Meer und landet bei Pevensey). Von den 18 normannischen Schiffen, die der Teppich wieder-

Fig. 9 Normannen-Langschiff mit Pferden an Bord (Zeichnung: F. Kirschen)

gibt, haben die MORA und ein zweites Schiff, das ebenfalls Schilde am Bordgang führt, sowie drei kleinere Fahrzeuge keine Pferde an Bord. In den restlichen Schiffen, die segeln, befinden sich vier, sechs oder zehn Pferde, die quer zur Fahrtrichtung stehen (Fig. 9).

Aus der Darstellung der Pferde und dem Entladen der Schiffe am Strand ohne Laufplanke lassen sich für die Schiffe einige Maße ableiten. Die Pferde, für die eine Rückenhöhe von 1,4 m angenommen wird, stehen so, daß die Bordwand ihren Rücken gerade verdeckt. Ein Freibord von 0,8 m ergibt als Differenz zur angenommenen Rückenhöhe eine Schiffsbodentiefe von 0,6 m. Zuzüglich 0,3 m für Kiel, Spanten und Wegerung haben dann die Schiffe einen Tiefgang von 0,9 m und mittschiffs

eine Seitenhöhe von 1,7 m. Verglichen mit dem Gokstad-Schiff, das mittschiffs eine Seitenhöhe einschließlich des massiven, 37 cm hohen Kiels von insgesamt 2,1 m hat, sind die von Lienau angenommenen 30 Zentimeter für Kiel, Spante und Wegerung zu wenig. Mittschiffs haben beim Gokstad-Schiff die oberen Kanten der Spante und des Bordgangs einen gegenseitigen Abstand von 1,48 m, und für Kiel, Spanten und steil angesetzten Sandgang bleiben noch 0,62 m übrig. Bei den größeren Bayeux-Langschiffen ist das Maß für die Seitenhöhe auf 1,8 bis 2,0 m zu erhöhen. Auch wenn die Wegerung fortgelassen wird, kommen dann Kiel, Spanten und der aufkimmende Boden dort, wo die Pferde mit ihren Vorder- und Hinterbeinen stehen, auf das notwendige Maß von

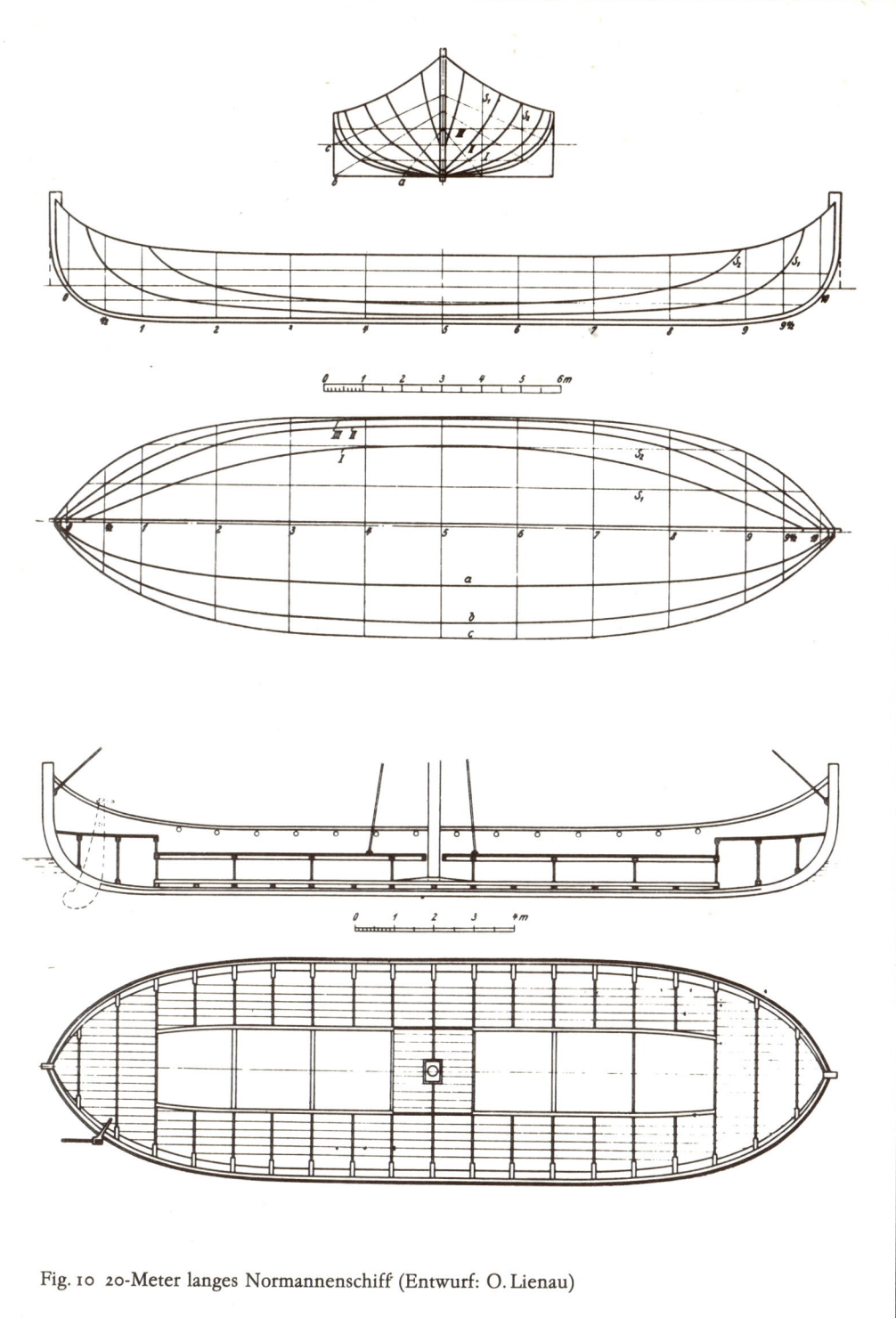

Fig. 10 20-Meter langes Normannenschiff (Entwurf: O. Lienau)

0,4 bis 0,6 m bis zur Unterkante des Kiels.

Andererseits kann der Tiefgang der normannischen Schiffe nicht wesentlich größer als ein Meter sein, weil die Normannen ihre Schiffe im flachen Wasser vor dem Strand entladen und dabei mit geschürzter Kleidung und nackten Beinen an Land waten. Ein gegenüber der Lienauschen Annahme um 0,1 m größerer Tiefgang entsteht bei sonst gleicher Schiffsform, wenn ähnlich wie bei den Langschiffen von Gokstad und Skuldelev die beiden untersten Plankengänge steiler an den Kiel gesetzt sind. Dadurch verbessern sich gleichzeitig die Segeleigenschaften.

Durch gestalterische Erfordernisse sind im Bayeux-Teppich alle englischen und normannischen Schiffe stark verkürzt dargestellt. Für Wilhelms Flotte nahm Lienau eine willkürliche Einteilung in 24 m-, 20 m-, 16 m-, 14 m- und 10 m-Schiffe vor. In Wirklichkeit sind die Fahrzeuge, die auf verschiedenen Bauplätzen der Normandie ohne Zeichnungen entstehen, trotz gleicher Konstruktions-Merkmale voneinander so verschieden, daß eine Einteilung der Schiffe in Klassen mit fester Baulänge und Breite gekoppelt mit dann gleicher Tragfähigkeit nicht möglich ist. Auch die Schiffe von einem Bauplatz unterscheiden sich in ihren Maßen, weil trotz gleicher Baumallen nach dem jeweils vorhandenen Holz gebaut wird. Jedoch erlaubt die starre Einteilung eine Schätzung über Wilhelms Flotte. Nach Tabelle 3 sind für den Transport der Invasionsarmee etwa 400 Schiffe nötig. Diese Zahl kann auf 600 steigen, wenn man sich eine geringere Anzahl von großen Fahrzeugen denkt. Bei dieser Abschätzung werden für einen bewaffneten und ausgerüsteten Mann 120 kg und für ein Pferd mit Ausrüstung 750 kg angenommen. Zusätzlich ist Proviant zu transportieren. Ein Heer mit 8000 Soldaten und 2000 Pferden hat dann ein Gesamtgewicht von 2500 bis 3000 Tonnen. Das wäre heute die Ladung für fast drei Güterzüge mit je 50 Waggons.

Von dem 20 m-Schiff veröffentlichte Lienau Zeichnungen (Fig. 10), nach denen das im Bildteil wiedergegebene Modell entstand. Besonders gelungen ist die Plankenführung im Bereich der Steven, die auch bei Fortlassen der gezeichneten Zwischenplanke anders als beim Gokstad-Schiff wenig krumm gewachsenes Plankenholz verlangt. Möglicherweise hat dieses 20 m-Schiff eine zu große Breite. Für den vorgeschlagenen inneren Aufbau gibt es keine durch Funde belegte Hinweise. Der Spantabstand ist mit einem Meter zu groß gewählt, und die gezeichnete Masthalterung läßt auf See kein Mastaufrichten zu.

Die MORA, Herzog Wilhelms Schiff

Tafel 1 zeigt die Risse und Tafel 2 die Bauzeichnung für das Modell der MORA. Für das Schiff wird eine Länge über alles von 24 m, eine maximale Breite von 5,5 m, eine Seitenhöhe mittschiffs von Unterkante Kiel bis Oberkante Bordgang von 2,0 m

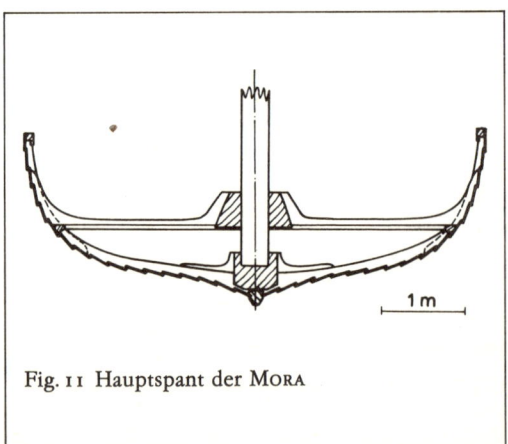

Fig. 11 Hauptspant der MORA

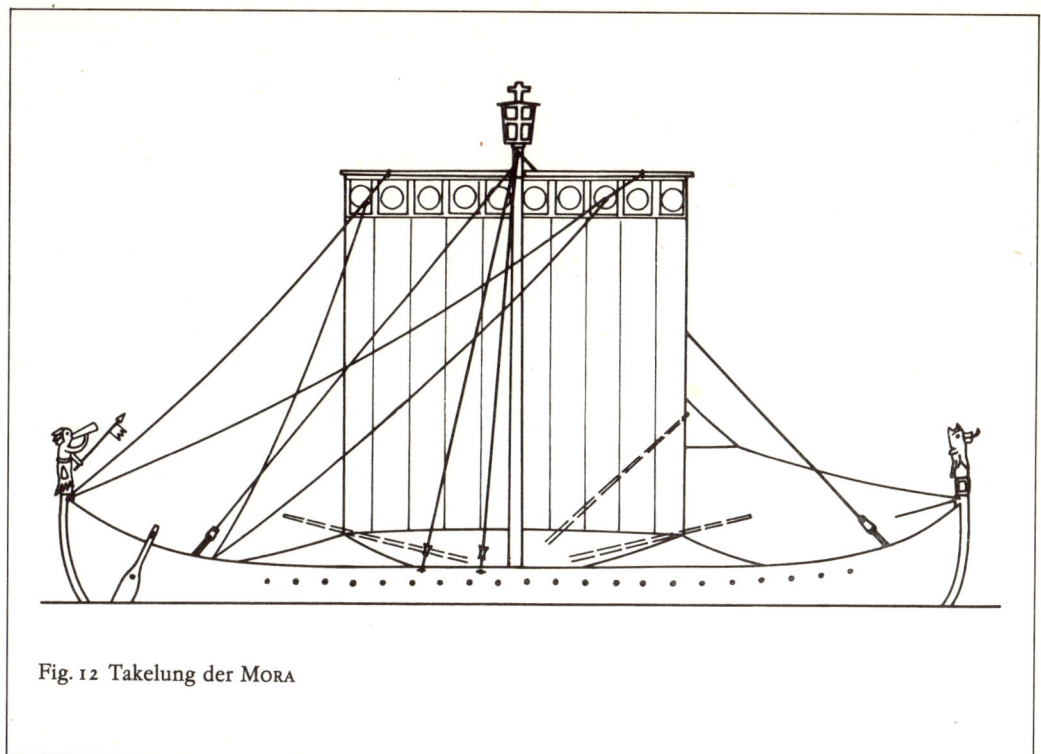

Fig. 12 Takelung der MORA

und ein Tiefgang einschließlich Kiel von 1,0 m angenommen.

Der Kiel hat einen trapezförmigen Querschnitt und eingearbeitete Sponungen. Er ist über Schräglaschen, die für Wikingerschiffe typisch sind, mit den mehrteiligen Balkensteven verbunden. Es ist schwierig, für die Gestalt der Steven ein Vorbild zu finden, weil bei allen Wikinger-Langschiffen mit Ausnahme des Osebergschiffs diese Bereiche nicht mehr vollständig erhalten sind. Das Osebergschiff ist aber kein allgemein gültiges Beispiel. Dort enden die beiden oberen Plankengänge im Vorschiff beim dritten Gang. Diese ungewöhnliche Ausführung ergibt für den dritten Plankengang im Bereich der Anbindung hohe mechanische Belastungen. Für die MORA werden strakende Plankengänge, die sich im Bugbereich entsprechend dem geringer werdenden Spantumfang verjüngen, und Stevenkon-

turen gewählt, die bereits Lienau vorschlug.

Beim Bau eines Fahrzeugs mit geklinkerter Außenhaut werden auf dem bereits aufgestellten Kiel, an den schon die Steven gelascht sind, Baumallen provisorisch befestigt. Die Mallen und ihr gegenseitiger Abstand auf dem Kiel bestimmen die Form des Schiffskörpers. In der ersten Bauphase werden die Plankengänge mindestens bis zu dem Gang gesetzt, bei dem die Decksbalken enden (Fig. 11). Dem Einbau der Spanten und der Befestigung der Auflanger im unteren Bereich der Außenhaut folgt im Mittelschiff das Einsetzen eines Längsstringers im Bereich der Decksbalken. Der Längsstringer ist jeweils bei den Auflangern ausgeklinkt. Weiter vorn und achtern sind Spanten, Decksbalken, Knie und Auflanger ähnlich wie bei den Knorren, jedoch ohne Längsstringer, eingesetzt.

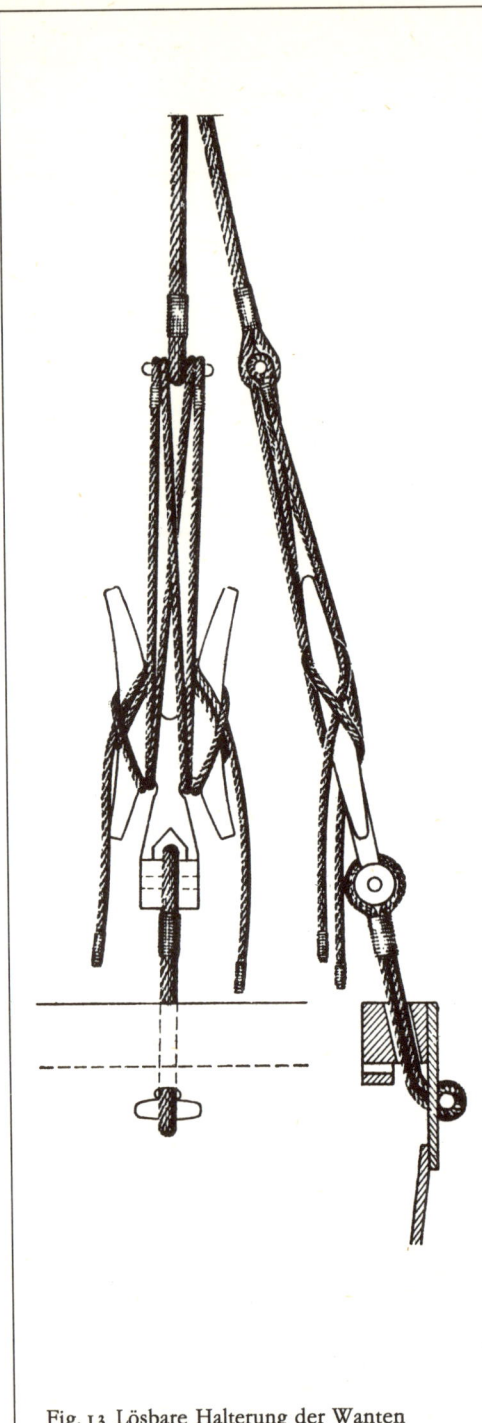

Fig. 13 Lösbare Halterung der Wanten
(nach Åkerlund)

Nach dem Einfügen des Kielschweins, das wie ein Innenkiel wirkt, werden die Decksbalken eingepaßt. Spätestens jetzt werden die restlichen Gänge der Außenhaut einschließlich Bordgang gesetzt und fest untereinander, mit den Steven, den Auflangern und den Decksbalken-Knien mit Nieten und teilweise mit Nägeln verbunden. Mittschiffs wird die Mastfischung auf den Decksbalken befestigt. Im Bereich der länglichen Öffnung, die in die Mastfischung zum Mastaufrichten gearbeitet ist, werden die Decksbalken nachträglich herausgesägt.

Etwa 0,6 m über dem Deck sind in einen Plankengang die Riemenpforten eingearbeitet, deren Querschnitt das Durchstecken des Riemens mit Blatt vom Schiffsinneren aus erlaubt. Die Riemenpforten sind von innen durch Klappen verschließbar. Den Mast halten außer Kielschwein und Fischung ein Vorstag und je zwei Wanten (Fig. 12). Zusätzlich stagt ihn das nach achtern geführte Segelfall. Das etwa 80 m² große Rahsegel ist an der Rah mit einer Reihleine befestigt. Ein Rack, das wahrscheinlich nur ein Tau mit aufgesteckten Holzkugeln ist, die den Verschleiß mindern, sorgt dafür, daß die Rah am Mast gehalten wird. Außer dem Fall hat das Rahsegel Brassen, Halsen und Schoten. Das luvseitige Liek des Segels wird beim Kreuzen zusätzlich durch eine Spiere gehalten, die sich an der leeseitigen Bordwand abstützt. Mit zwei Spieren lassen sich beim Vor-Wind-Segeln die Schothörner des Segels nach außen drücken. Das Segel selbst besteht aus parallel zu den Seitenlieken zusammengenähten, roten und weißen Kleidern, die unterhalb der Rah besonders eingefärbt sind.

Ähnlich wie die MORA sind auch die kleineren Normannenschiffe gebaut. Ihr Spantabstand, der bei der MORA nur 0,75 m beträgt, ist bis auf 0,9 m erhöht, weil die

Beanspruchungen durch Ladung und See-gang bei den kleineren Fahrzeugen deut-lich geringer sind.

Beim Transport von Pferden werden die Bretter, die den Schiffsboden bilden, teil-weise von den Decksbalken genommen und auf die mit einer Sponung versehe-nen Spanten gelegt. Die Pferde stehen in den Räumen zwischen den Decksbalken quer zur Schiffslängsrichtung. Wahr-scheinlich trainierte man die Pferde vor dem Verladen, damit sie beim Klettern auf das Schiff und in die „Boxen" zwischen den Decksbalken nicht scheuten.

Die Cinque-Ports-Schiffe

Wilhelm der Eroberer, König von England, und seine Nachfolger

Fast 200 Jahre bevor der Normanne Wilhelm englischer König wird, erlangen dänische Wikinger Macht und Einfluß über große Bereiche von England. In der Zeit von 886 bis 954 herrschen sie im Gebiet des Danelaw. Dann folgen nur 60 Jahre alleiniger Regierung durch englische Könige. Dänische Wikinger beginnen 1014 erneut massive Angriffe auf England. Dänische Könige sind von 1016 bis 1042 gleichzeitig auch König von England. Unter Eduard dem Bekenner, der in der Normandie aufwächst, löst sich England aus der erzwungenen Bindung an Nordeuropa. Mit Wilhelm als englischem König beginnt für England eine Epoche, in der es in Ereignisse verwickelt ist, die in Frankreich ablaufen.

Vorerst noch, in den ersten Regierungsjahren bis 1070, sind Wilhelm und seine Gefolgsleute mit der Niederwerfung von immer neuen Aufständen in England beschäftigt. In Northumbria bekommen die Aufständischen aus Dänemark Hilfe. Die Besitzungen von Harald und dessen Familie gibt Wilhelm an seine Armeeführer. Am Ende seiner Regierungszeit besteht die herrschende Klasse überwiegend aus Normannen. Das aus dieser Zeit stammende „Domesday Book" beschreibt erstmalig die Besitzverhältnisse und Abgabepflichten im frühmittelalterlichen England, in dem etwa 2,5 Millionen Menschen leben. Der innere Aufbau des englischen Staates und auch die Rechtsprechung folgen alten englischen Grundsätzen, obgleich unter Wilhelm normannische Franzosen die Macht innehaben.

Wilhelms Politik ist jedoch auf Frankreich gerichtet. Gleichzeitig achtet der Normannenherrscher darauf, daß die „Union" zwischen England und der Normandie nicht gefährdet wird. Diese Union kennzeichnet ein Widerspruch. Der Normannenherzog ist in einer Person ein Vasall des französischen Königs und gleichzeitig als englischer König dessen Gegner.

Nach Niederwerfung der Aufstände in England wird Wilhelm mit seinem durch englische Soldaten vergrößerten Heer in Frankreich aktiv. Bei solch einem Kriegszug tritt Wilhelms Pferd in der niedergebrannten Stadt Mantes auf glühende Schlacke. Es bäumt sich so heftig auf, daß der Sattelknauf dem König innere Verletzungen zufügt, an denen er wenige Tage später in Rouen, am 9. September 1087, qualvoll stirbt. Er wird in Caen begraben.

Mit Mathilda, die 1083 stirbt, hat Wilhelm vier Söhne: Robert II. Kurzhose (Herzog der Normandie), Richard (ermordet bei der Jagd), die englischen Könige Wilhelm II. und Heinrich I. sowie fünf oder sechs Töchter, von denen Adela die Mutter des späteren englischen Königs Stephan wird. Nach Wilhelms Tod bekommt Robert II. das Herzogtum Normandie, das er bereits seit 1067 verwaltet, allerdings mit einer kurzen Unterbrechung nach einem Zerwürfnis mit seinem Vater. England aber geht an Wilhelms nächsten noch lebenden Sohn Wilhelm II. Nach dessen Tod im Jahr 1100 will Robert nun endlich die englische Krone übernehmen. Heinrich, der schon lange vorher seinen Bruder Wilhelm II. in England unterstützt hat, wendet sich gegen diese Absicht und wird selber König. Heinrich ragt aus den Herrschern seiner Zeit heraus, weil er lesen und schreiben kann. Er läßt, als seine Truppen 1106 in der Normandie siegen, den sich ihm widersetzenden Robert lebenslänglich einsperren. Danach sind Normandie und England wieder unter einem Regenten.

Heinrich wendet sich wie sein Vater gegen den französischen König. Heinrichs englisch-normannische Truppen erobern die Bretagne. Sein einziger Sohn Wilhelm ertrinkt 1120 im englischen Kanal. Mit Heinrichs Tod 1135 geht die männliche Linie des Hauses Rollo zu Ende.

Um die Thronfolge streiten sich in den nächsten 20 Jahren zwei Gruppen, die entweder Heinrichs Tochter Mathilda oder dessen Neffen Stephan Blois für ihre Interessen voranstellen. In England kommt es zu bürgerkriegsartigen Wirren. Mathildas Sohn Heinrich ist seit 1150 Herzog der Normandie. Er wird 1154 nach vorherigem Vertrag mit Stephan englischer König. Durch Verträge und Heirat verwaltet Heinrich II. ein Imperium, das anfangs von den Grenzen Schottlands mit Teilen von Irland und dem westlichen Frankreich bis zu den Pyrenäen reicht. Geographisches Zentrum dieses Angevinischen Reiches ist das Herzogtum Normandie. Eine natürliche Trennstelle ist der Kanal.

Mit dem französischen König Philipp II.-August haben Heinrich II. und seine Söhne Richard Löwenherz, der 1199 stirbt, und Johann ohne Land einen Gegner, der ihnen nach und nach fast alle Ge-

biete in Frankreich abnimmt. In der langen Auseinandersetzung greift 1202 der französische König die Klagen aquitanischer Barone auf. Er lädt als Lehnsherr den Herzog der Normandie, der gleichzeitig englischer König ist, vor ein französisch-königliches Gericht, spricht dem nicht erschienen Herzog der Normandie alle französischen Lehen ab und gewinnt die nachfolgenden militärischen Auseinandersetzungen.

Johann ohne Land flieht 1204 nach England, als die Besatzungen des befestigten Schlosses Gailard und der Stadt Rouen kapitulieren. Die Zugehörigkeit der Normandie zum Königreich Frankreich bestätigt dann 1259 die englische Krone mit einem in Paris geschlossenen Vertrag. England behält in Frankreich die an der Atlantikküste liegenden Gebiete der Gascogne um Bayonne und die Bereiche des südlichen Aquitanien mit Bordeaux. Diese Gebiete haben durch Ausfuhr von Wein und Salz für England Bedeutung.

Der Hundertjährige Krieg, der 1346 mit der Landung englischer Truppen beginnt, bei dem zeitweise die Engländer weite Bereiche des nördlichen Frankreichs einnehmen und dort mit Partisanen, aufständischen Bauern und dem Vormarsch der Franzosen unter Jeanne d'Arc Schwierigkeiten haben, endet 1453. Während dieses Krieges verringert sich Frankreichs Bevölkerung von 21 auf 14 Millionen Einwohner. Nach dem Krieg ist nur noch die Stadt Calais und deren Umgebung englisches Eigentum. Diese Stadt ist seit längerer Zeit Stapelplatz vor allem für englische Tuche.

Die frühmittelalterlichen Städte der Cinque Ports

Cinque Ports ist der Name einer Vereinigung von Seestädten im südlichen England. Sie entsteht im 11. Jahrhundert, um gemeinsam für den königlichen Dienst Schiffe und Mannschaften zu stellen. Im Domeday Book steht auf der ersten Seite der Angaben über Kent: „Die Bürger (von Dover) geben dem König 20 Schiffe, einmal im Jahr für 15 Tage, und in jedem Schiff sind 20 Männer." (nach Enc. Brit.) Dieses haben sie zu tun „for his having endowed them with sac and soc". Im englischen Text sind sac und soc französische Worte für Sack und Spaten. Sie bedeuten hier die Befreiung von der Fronarbeit.

Ursprünglich bilden, wie das altfranzösische Wort cinque für die Zahl Fünf angibt, nur fünf Städte diese Vereinigung: Hastings, Romney, Hythe, Dover und Sandwich. Dieser Städtebund wird möglicherweise schon unter Eduard dem Bekenner zum Schutz der Küste und für eine bessere Kanalüberfahrt gebildet. Nach der normannischen Eroberung wächst die Bedeutung dieser Städte. Zuerst sind sie nur lose miteinander verbunden durch allgemeine maritime Pflichten gegenüber der Krone, durch die geographische Lage und durch ihre ökonomischen Interessen. Die Hafenstädte sind unabhängige, im frühenglischen Parlament vertretene Marktorte mit eigenen Rechten.

Bis zum 14. Jahrhundert bilden die Schiffe der Cinque Ports den Kern der königlichen Flotte. Es gibt keine speziellen Kriegsschiffe. An Bug und Heck der Schiffe werden in Kriegszeiten provisorische Kastelle errichtet. Dadurch hat man bei den Seegefechten Vorteil und Schutz. Die Schiffe werden mit Matrosen zum Bedienen der Segel und mit Soldaten bemannt. Die Kampftaktik besteht aus Rammen, Entern und Handgemenge. Etwas jüngere Schiffe besitzen fest mit dem Rumpf verbundene Kastelle, die ständig an Bord bleiben. Die zusammengezogene Flotte wird nach Kriegsende aufgelöst, und die Schiffe versegeln wieder in ihre Heimathäfen.

Im Jahre 1217 bestehen englische Schiffe auf der Höhe von Dover einen glänzenden Sieg gegen eine französische Flotte. 1340 wird ein französisches Geschwader bei Sluys besiegt und anschließend Calais erobert.

Zehn Jahre später gewinnt man gegen eine spanische Flotte und sichert sich damit für einige Zeit die Kontrolle über die Meerenge von Dover. Die englischen Schiffe führen bei den Kämpfen eine weiße Flagge mit dem roten St.-Georgs-Kreuz. Sie ist später die Flagge für die entstehende Royal Navy.

Die ersten verbindlichen Vorrechte bei Frachtaufträgen erhalten die Städte der Cinque Ports 1278. Dafür haben sie zeitweise 57 Schiffe für den königlichen Dienst zu stellen. Die Städte haben besonders im 13. und 14. Jahrhundert Bedeutung und Vorrechte. 1350 werden die beiden „alten" Städte Rye und Winchelsea dem Städtebund beigefügt. Rye wird bereits von Eduard dem Bekenner an die Mönche von Fecamp gegeben, die es bis 1247 behalten. Bedeutung als Hafen haben beide Orte aber schon lange vorher. Im Laufe der Zeit erhalten mehr als 30 Küstenorte die Mitgliedschaft oder werden als Glieder der alten Mitglied-Städte aufgenommen. So gehören Pevensey und Seafort zu Hastings, Tendersen zu Hythe, Lydd zu Romney, Folkestone und Faversham zu Dover, Fordwich zu Sandwich.

Eine wichtige Rolle spielen die Hafenstädte der Kanalküste bei den Kämpfen um die Thronfolge nach König Heinrich III. Tod.

Um eine stärkere Kontrolle über die Hafenstädte zu bekommen, gibt die Krone dem Städtebund einen gemeinsamen Offizier, den Lord Warden (warden = Wächter). Außerdem wird ein Gerichtshof der Cinque Ports eingerichtet, der unabhängig von anderen königlichen Gerichten entscheidet.

Nach 1400 verliert dieser Städtebund seine Vormachtstellung und die führende Rolle in der Seekriegsflotte. 1588 können diese Städte nur noch fünf Schiffe gegen die spanische Armada ausrüsten. Den Niedergang beschleunigen die geographischen Veränderungen an der Kanalküste. Romney liegt ursprünglich an der Mündung des Flusses Rother. Die Romney Marsh erstreckt sich von Winchelsea im Südwesten über Romney bis Hythe im Nordosten. Durch eine große Sturmflut bekommt der Fluß Rother 1287 eine neue Mündung bei Rye. Die fortschreitende Ablagerung von Land macht im nächsten Jahrhundert die Häfen von Hythe und Romney unbrauchbar. (Hythe ist eine alte Siedlung, die bereits im 5. Jahrhundert den Sachsen als Landeplatz gedient hat. Freiheiten, die die Bürger von Hythe bereits unter Eduard dem Bekenner haben, werden 1205 von der Krone bestätigt.) Große Teile der Stadt Winchelsea werden durch die Sturmflut 1287 abgetragen. Der Hafen der wieder erbauten Stadt verliert im 15. Jahrhundert seinen Tiefgang. Mit dem Verfall dieses Hafens wird Rye nochmals im 15. und 16. Jahrhundert ein florierender Handelsort. Zunehmende Ablagerungen machen aber auch den Hafen von Rye unbrauchbar. Heute mündet der Rother-Fluß etwa drei Kilometer von der Stadt entfernt.

Sandwich, das zeitweise der wichtigste Hafen für den Wollhandel ist und auch für die Verladung von Handelsgut nach ganz Europa Bedeutung hat, beherbergt für einige Jahrhunderte das Marine-Hauptquartier. Es ist bereits eine Stadtgemeinde, als 1236 ein Bürgermeister erste Aufzeichnungen beginnt. Bereits im Jahre 1038, als die Handelseinnahmen von Ebbsfleet stark zurückgehen, wird Sandwich genannt. Am flachen Strand von Ebbsfleet wird vergeblich ein Graben ausgehoben. „Darin sollte der Schiffszugang liegen, ganz wie sie es in Sandwich taten." (nach Ellmers) Derart tiefe Anlegestellen heißen „haven", die man durch „hwearfs" oder „hwarfs" an einem Meeresarm errichtet. Im 16. Jahrhundert lagert sich auch im Hafen von Sandwich verstärkt Schlamm ab. Heute ist Sandwich etwa drei Kilometer von der See entfernt.

Hastings liegt am seeseitigen Ende einer Halbinsel und hat einen kleinen Hafen, dessen Bedeutung für die Marine verlorengeht, als in Portsmouth und Plymouth Marinewerften entstehen.

Einzig Dover ist heute noch ein wichtiger englischer Hafen. Er liegt dem europäischen Kontinent am nächsten. Dover wird bereits von den Römern als Hafen genutzt und Dubris genannt. Unter Wilhelm dem Eroberer entwickelt sich Dover zu einer wichtigen Stadt Englands. Um Dover gut verteidigen zu können, erhält es einen Wall mit Toren und Türmen.

Die Vereinigung der Cinque Ports entwickelt sich seit dem 14. Jahrhundert zu einer verfassungsmäßigen Organisation der englischen Marine und bekommt dadurch eine andere Bedeutung.

Fig. 14 Städte mit Schiffssiegeln in Westeuropa und im Ostseeraum

Schiffe auf Siegeln des 12. bis 15. Jahrhunderts

Im frühen Mittelalter können Kaiser und Könige meist nicht schreiben. Mit einem von eigener Hand gezogenem Vollzugstrich unterzeichnen sie ihre Urkunden. Schon früh werden Schriftstücke nur dann als rechtskräftig angesehen, wenn sie gesiegelt sind. Die Siegel bestehen im Mittelalter aus Bienenwachs, das oft gefärbt ist. Bis zum 12. Jahrhundert sind die Abdrücke direkt auf den Urkunden. Dann erst kommen die Hängesiegel auf. Dazu wird durch einen Einschnitt im Rand des Urkundenpergaments ein Stück Schnur oder ein schmaler Pergamentstreifen gezogen. Beim Siegeln werden beide Enden und das Wachs so zusammengedrückt, daß das Siegel an der Urkunde hängt. Im 15. Jahrhundert werden die Siegel zusätzlich in Metallkapseln gesteckt, um sie vor Beschädigungen zu schützen. Die Stempel zum Siegeln bestehen meist aus Messing

oder Bronze. Sie werden von Goldschmieden oft als deren Meisterstück angefertigt. Erst seit dem 15. Jahrhundert gibt es den Beruf des Siegelschneiders.

Im 12. und 13. Jahrhundert werden in Mittel- und Westeuropa viele Städte soweit unabhängig, daß sie selbständig Verträge abschließen.

Als vor 1200 die ersten Städte mit dem Siegeln ihrer Urkunden beginnen, ist in Europa die Verwendung von Siegeln durch Kaiser, Könige und durch die hohe Geistlichkeit allgemein üblich. Anders als die Kopf-, Brust- oder Standbilder der Geistlichkeit und des Adels, der für sich seit dem 12. Jahrhundert auch Stempel mit einem Reiter im Siegelbild schneiden läßt, schmücken die Städte ihre Siegel oft mit für sie typischen Merkmalen wie Türme oder Befestigungsanlagen. Die Hafenstädte stellen meist eine Schiffsabbildung in die Mitte ihres Siegels. Einzelne Städte wie Bristol (Siegel um 1300), Lydd (Siegel von 1330) oder Damme (Siegel von 1226) nehmen in ihre Siegel Teile von Hafenbauten und ein Schiff auf. Manche Siegel zeigen ein Schiff, dessen Einzelheiten schwierig zu deuten sind. Beispiele dafür sind die Stadtsiegel von Amsterdam aus den Jahren 1347 und 1360, die drei Siegel der Stadt Lübeck von 1226 bis 1280 und das Siegel der Cinque-Ports-Stadt Romney (Fig. 15).

Viele Schiffssiegel zeigen wesentliche Merkmale der Schiffe. Jedoch ergeben sich durch die künstlerische Umsetzung in das meist runde Siegel veränderte Maßproportionen besonders für die Schiffslänge. Vom 12. bis zum Ende des 15. Jahrhunderts sind insgesamt drei Schiffstypen zu erkennen, die alle nur einen Mast mit einem Rahsegel besitzen. Erst im Jahre 1493 zeigt ein Fürstensiegel aus Burgund ebenso wie etwa gleichalte graphische Darstellungen ein dreimastiges Fahrzeug.

Fig. 15 Siegel aus Romney

Fig. 16 Siegel aus Dunwich   Fig. 17 Siegel aus Rye

Der zuerst auf den Siegeln der englischen Hafenstädte abgebildete Schiffstyp ist die Nef. Sie hat ein Seitenruder, das jedoch nicht immer auf den Siegeln abgebildet ist. Erst Ende des 13. Jahrhunderts zeigt das Stadtsiegel von Ipswich ein hochbordiges Schiff mit einem Heckruder. Typisch für eine Nef sind die geschwungenen Steven im Vor- und Achterschiff. Das rhombische Siegel von Dunwich (Fig. 16) aus dem Jahre 1199 zeigt eine frühe Nef. Ihre Kastelle sind im Vor- und Achterschiff ohne Anbindung an die Steven aufgebaut. Die Nef wird in England und in Westeuropa von der Kanalküste bis nach Spanien entsprechend dem englischen Einfluß verwendet.

Die Kogge, die ihren Ursprung in Friesland hat, kommt dort und im Ostseeraum in die Siegel einiger Städte. Zeitlich werden die Koggendarstellungen durch die zwei Siegel von Elbing eingegrenzt, die erstmals in den Jahren 1242 und 1367 benutzt werden. In Damme zeigt das Siegel von 1226 eine Nef. Als 1309 ein neuer

Stempel geschnitten wird, schmückt ihn eine Kogge. Geographisch sind mit Ausnahme der Stadt Damme die Siegeldarstellungen von Nef und Kogge durch die Rheinmündung getrennt (Fig. 14). Immer hat die Kogge einen geraden Vorsteven und ein Heckruder. Spätere Koggen besitzen Kastelle im Achterschiff und nachfolgend auch im Vorschiff.

Um 1400 werden auch Siegel benutzt, die einmastige Schiffe zeigen, deren Kastelle augenscheinlich in die tragenden Verbände einbezogen sind. Auch enden bei den Kastellen Bereiche der Außenhaut (Fig. 17). Die als Hulk bezeichneten Fahrzeuge besitzen im Verbreitungsgebiet der Koggen einen geraden Vorsteven und dort, wo vorher die Nef benutzt wurde, einen deutlich gerundeten Vorsteven. Der Achtersteven ist wegen des Heckruders gerade.

Merkmale der Nef

Einzelheiten der Nef, die aus den überlieferten Siegeln hervorgehen, sind in Tabelle 4 zusammengestellt. Die Nef haben englische Schiffbauer und Kaufleute aus der Knorre der Wikinger entwickelt. Beide Fahrzeuge besitzen zahlreiche gemeinsame Merkmale. Während der dänischen Herrschaft in England von 1016 bis 1042 wird dort die Knorre heimisch. Für die Fahrten zwischen Dänemark und England verwenden die Dänen neben den Langschiffen diesen Schiffstyp, den die Wikinger für Hochseefahrten besonders nach Island und Grönland benutzen. In der Saga „Heimskringla" wird ein prächtiges Langschiff auch dadurch beschrieben, daß „das Schiffsbord so hoch war, wie bei einem für die hohe See bestimmten Schiff", wie bei einer Knorre. Mit ihr wird vorzugsweise gesegelt. Sie hat nur noch wenige Riemenpforten im Bug- und Heckbereich.

In einem Schiff, das der Teppich von Bayeux hochbordiger als ein Langschiff wiedergibt, reist Harald, als er 1064 an der französischen Kanalküste strandet. Haralds Schiff hat wie eine Knorre nur im Bereich von Bug und Heck Ruderplätze. Im Mittelbereich fehlt ein Stück Bordgang. Aber dort ist für ein offenes, segelndes Fahrzeug ein hoher Freibord wichtig. Möglicherweise hat der Teppichgestalter dieses Schiff in Anlehnung an die normannischen Fahrzeuge nur vom Hörensagen entworfen und die nicht eingearbeiteten Dollenlöcher einem fehlenden Stück Bordgang gleichgesetzt.

Die Knorre, die die Wikinger besonders im 10. und 11. Jahrhundert benutzen, unterscheidet sich von den Langschiffen. Mit den Langschiffen werden hauptsächlich Kriegsleute transportiert. Die Langschiffe haben, weil auf ihnen zahlreiche Leute fahren, fast über die ganze Schiffslänge Ruderplätze, um auch bei Flaute oder bei ungünstigem Wind zügig voranzukommen. Dagegen sind auf einer Knorre nur noch im Bug- und Heckbereich Riemenpforten in der Außenhaut. Bei ihr ist das durchlaufende, jedoch nicht wasserdichte Deck der Langschiffe reduziert auf die Bereiche der Ruderplätze im Bug und Heck. Der Mittelbereich vor und hinter dem Mast ist ein tiefliegender, offener Raum, in dem die Fracht transportiert wird. Wasserempfindliche Güter werden in Ledersäcke verpackt. Anstelle des klappbaren Mastes der Langschiffe ist bei der Knorre ein feststehender Mast eingebaut, weil auf der Knorre die zahlreiche Mannschaft fehlt, die auf den Langschiffen vorhanden und für die schwere Arbeit beim Herunternehmen und Aufstellen des Mastes nötig ist. Außerdem wird mit der Knorre vorzugsweise in hafenartigen Gewässern angelegt, in denen man die Schiffe nicht an Land zieht. Dagegen fahren die Wikinger mit ihren Langschiffen gegebenenfalls durch flaches Wasser mit Brandung auf einen Sandstrand. Ein aufgestellter Mast stört dabei, weil er in der Brandung und beim Auflandziehen hohe mechanische Belastungen für den Schiffskörper ergibt.

Die Konstruktion der Knorren ist seit den Funden im Roskilde Fjord bei Skuldelev bekannt. Von den beiden dort gefundenen Knorren ist für uns das größere Fahrzeug wichtig. Reste von Wikinger-Schiffen, die im Detail der großen Skuldelev-Knorre ähnlich sind, werden in Grönland bei Ausgrabungen in den Jahren um 1930 gefunden. Mit einem Nachbau der großen Skuldelev-Knorre macht 1983 der Norweger Ragnar Thorseth einige Probefahrten auf der Nordsee, um, so vorbereitet, ein Jahr später auf den alten Kursen der Wikinger von Norwegen nach Island,

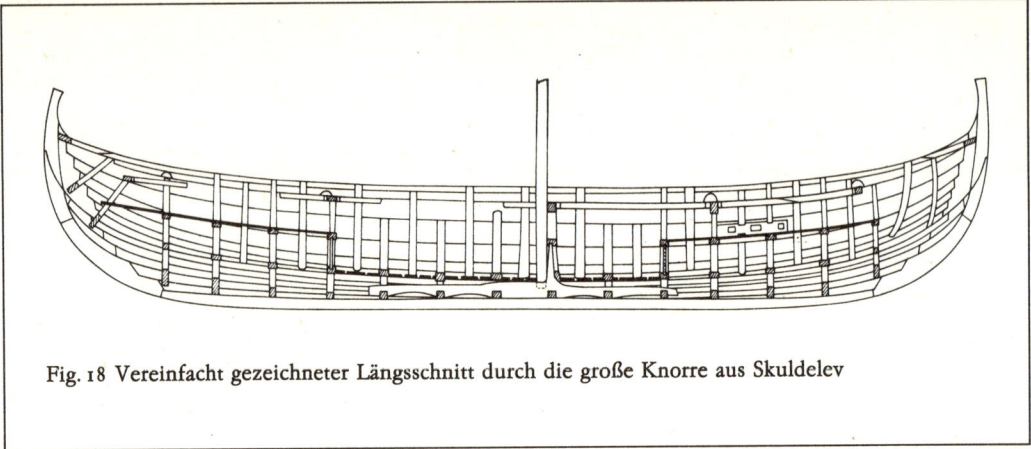

Fig. 18 Vereinfacht gezeichneter Längsschnitt durch die große Knorre aus Skuldelev

Grönland und nach Amerika zu fahren. Die große Knorre (Fig. 18) ist 16,5 m lang, 4,6 m breit und mittschiffs über 2 m hoch. Die Skuldelev-Knorren haben Steven, in die entweder teilweise ein Formstück (Fig. 19) eingefügt ist, oder aber der Steven besteht nur aus einem Formstück mit herausgearbeiteten Plankenansätzen. Dadurch entsteht das Bild von Plankengängen, die treppenförmig übereinander gestuft am Steven enden, und außerdem der Eindruck, als ob der Bordgang bis zum oberen Stevenende hochgeführt ist.

Eine entsprechende Deutung läßt das Siegel von La Rochelle (Fig. 20) zu.

Sonst zeigen die Siegel massive Balkensteven, die wahrscheinlich eine Sponung zur Aufnahme der Plankenenden besitzen. Der Kiel* ist nur auf wenigen Siegeln zu sehen. Meistens sind die Fahrzeuge im

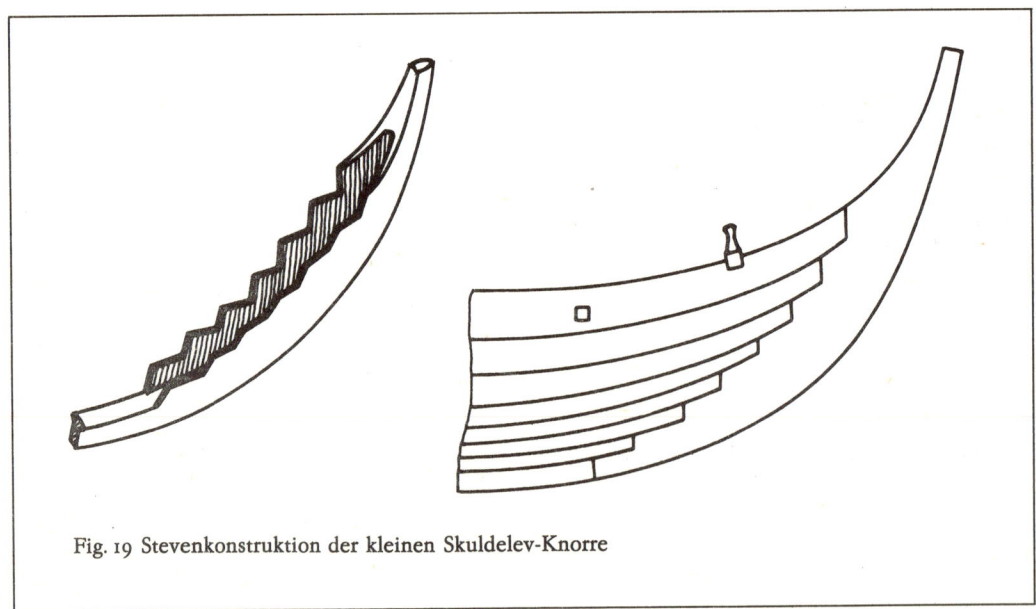

Fig. 19 Stevenkonstruktion der kleinen Skuldelev-Knorre

* Anmerkung siehe Anhang

Fig. 20 Siegel aus La Rochelle   Fig. 21 Siegel aus Pevensey

Wasser schwimmend dargestellt. Immer haben diese Schiffe vorn und achtern Steven mit konvexer Außenkontur.

Bei fast allen Siegeln durchstoßen meistens fünf Querbalken die Außenhaut. Oft ist dann einer von diesen Querbalken dem Mast so nah, daß er eine Mastducht sein kann. Das Seitenruder befindet sich meistens steuerbords. Auf den Siegeln von Santander und Dover ist jedoch ein in Fahrtrichtung links angebrachtes Seitenruder abgebildet. Ob das nur durch ein Versehen beim spiegelbildlichen Schneiden des Stempels entstand, ist nicht mehr zu ermitteln. Im Siegel von Winchelsea sind neben der Ruderschaft auf die Außenhaut Hölzer gesetzt, die beim Rammen und seitlichen Vorbeifahren an anderen Schiffen das Ruder vor Beschädigung schützen.

Riemenpforten sind nicht zu erkennen. Den Mast halten ein Vorstag, auf jeder Seite drei oder vier Wanten sowie zwei nach achtern geführte Segelfallen. Die Wanten enden am Schiffsrumpf in Püttingringen (Dover) oder Püttinghölzern

(San Sebastian). Obgleich im Siegel von Pevensey (Fig. 21) drei webleinenartige Querverbindungen in die Wanten gebunden sind, die auch das Siegel von San Sebastian zeigt, klettert dort und bei den Siegeln von Winchelsea und Dover ein Seemann an den Segelfallen hoch. Webleinen gibt es demnach noch nicht. Die Fallen werden am Mast über zwei in Mastwangen gelagerten Scheiben geführt oder über Keepen, die in die Mastwangen gearbeitet sind. Die Fallen enden bei hochgezogenem Segel entweder an einer Strecktalje im Heckbereich, oder man führt sie über eine im Achterschiff stehende Winde. Ein Rack, das ein Tau mit Holzkugeln sein kann, hält die Rah auch bei gerefftem Segel am Mast. Toppnanten, die als Talje zwischen Mast und Rahnock die Rah in der Segelebene fixieren, fehlen in diesen Siegeldarstellungen der frühenglischen Nef.

Oft wird das auf der Rah zusammengelegte Segel gezeigt. Bei einigen Fahrzeugen ist die Rah halb gefiert. Wegen der

Fig. 22 Siegel aus Hastings   Fig. 23 Siegel aus Sandwich

fehlenden Toppnanten sitzen dann zwei Seeleute auf der Rah symmetrisch zum Mast und lösen dort eine Leine oder die Bändsel, um die Nef zum Segeln vorzubereiten. Segelnde Schiffe zeigen nur die Siegel von La Rochelle und Hastings (Fig. 22). In beiden Fällen hat das Rahsegel drei Reihen Reffbändsel, die parallel zum Unterliek angeordnet sind. Zum Reffen wird die Rah gefiert und in Längsrichtung des Schiffs gestellt. Oft werden derartige Segel auch als Bonnets gedeutet, die bei Schwachwind an das Unterliek des Rahsegels angereiht werden.

Erst das Siegel von Sandwich (Fig. 23) zeigt einen Bugspriet. Er dient als Holepunkt für die Bulin, mit der das luvseitige Seitenliek des Rahsegels gehalten wird. Auch scheinen die Seeleute den Bugspriet zum leichteren Einholen des Ankers zu nutzen. Aber erst auf dem Koggensiegel von Damme aus dem Jahre 1309 ist ein Ankertau zu sehen, das zum Bugspriet läuft. Das Siegel von San Sebastian gibt einen frei am Vorsteven hängenden Anker wie-

der. Auf dem Siegel von Portsmouth heben zwei Seeleute den Anker im Vorschiff über die Bordwand.

Auf dem Siegel von Winchelsea (Fig. 24) stehen im Heckbereich zwei Seeleute, die

Fig. 24 Siegel aus Winchelsea

Fig. 25 Siegel aus Faversham   Fig. 26 Siegel aus Yarmouth

ziehend bzw. schiebend Handspaken be- wegen, mit denen sie eine Winde drehen, die etwa neben dem Seitenruder steht. Die dritte Person dieser Gruppe hält den losen Part des mit der Winde gezogenen Ankertaus. Nicht so deutlich ist diese Arbeit an der Winde im Pevensey-Siegel zu erkennen.

Die Nef aus Sandwich hat neben dem Mast ein kleines Beiboot an Bord.

Um im Seegefecht eine günstige Kampfposition zu haben, werden die Schiffe mit Kastellen und teilweise mit einem Mastkorb versehen. Meistens ist der Mastkorb in Fahrtrichtung vor den Mast gesetzt. Die Kastelle, die die älteren Siegel wiedergeben, sind hohe Podeste. Diese stehen auf Pfeilern, die durch Bogen ausgesteift sind. Die Podeste haben ein Schanzkleid und sind ohne Anbindung an die Steven aufgestellt. Dadurch lassen sie sich im Hafen in Vorbereitung für entsprechende Gelegenheiten schnell aufbauen und sind auch einfach zu demontieren.

Auf späteren Siegeln gehen die Kastelle bis zu den Steven oder über diese hinaus und werden von den Steven mitgetragen. Nicht immer ist die Zuordnung der Kastelle zum Schiff deutlich zu erkennen (Fig. 25). Die Grundfläche der Kastelle wird allgemein nicht dargestellt. Ein Siegel aus Danzig von 1400 präsentiert eine Hulk in einer Sicht seitlich von oben. Das Heckkastell hat einen viereckigen Boden. Das Bugkastell mit dreieckiger Grundfläche ragt seitlich nicht über den Schiffskörper hinaus. Ein derart seitlich begrenztes Bugkastell ist auch für eine Nef anzunehmen.

Auf fast allen Nef-Siegeln sind Besatzung und Passagiere im mittleren Schiffsbereich erst ab Brustkorb oder Hüfte zu sehen. Das erstmals um 1300 benutzte Siegel aus Yarmouth (Fig. 26), das eins der jüngsten Nef-Siegel ist, zeigt mittschiffs einen Seemann, der weit oben im Schiff stehend, von der Wade an aufwärts dargestellt ist. Zu fragen ist, ob dieser Mann auf einem Deck oder auf einem der damals üblichen Querbalken steht.

Ein wasserdichtes Deck mit einem, wenn auch niedrigen Schanzkleid muß einen Wasserabfluß nach außenbords haben, weil sonst das überkommende Wasser sich auf dem Deck sammelt und durch sein Gewicht die Schwimmstabilität wirkungsvoll verschlechtert. Nicht oder zu langsam vom Deck abfließendes Wasser kann ein Fahrzeug zum Kentern bringen. Der Wasserabfluß kann durch runde oder günstiger durch rechteckige Öffnungen in der Außenhaut erfolgen. Den gleichen Zweck erfüllt ein Längsschlitz zwischen zwei Plankengängen oberhalb des Decks.

In diesem Zusammenhang ist auf ein altes Fahrzeug hinzuweisen, das bereits 1822 ausgegraben wurde (Abb. 14), als man noch keine Erfahrung mit der Bergung und Restaurierung alter Boote und Schiffe hatte. Das spitzgatte Fahrzeug aus Eiche lag oberhalb der Stadt Rye in einem versandeten Abschnitt des Flusses Rother, der bei der großen Sturmflut 1287 zu einem toten Arm und 1623 endgültig durch einen Damm abgesperrt wurde. Das 19,4 m lange und 4,6 m breite Fahrzeug, von dem viele Einrichtungsgegenstände aus Holland stammen, hat im vorderen Drittel einen Mastfuß, der für ein Schratsegel typisch ist. Derartige, mit einem Seitenliek am Mast angeschlagene Segel gab es in Europa zur Zeit von Kogge und Nef noch nicht. Eine während der Ausgrabung gezeichnete Seitenansicht zeigt ein im Bug und Heck völliges Fahrzeug mit vier massiven Querbalken, die auf einem Balkweger aufliegen. Sie durchstoßen die Außenhaut nicht. Spanten und Beplankung reichen über Balkweger und Querbalken hinaus. Ein Stück vom Schandeckel ist noch im Vorschiff vorhanden. Im Grabungsbericht, der 1824 gedruckt wurde, heißt es, daß die „Schlingen an den Seiten" und die „Kerben in den Querbalken" eine früher vorhandene Abdeckung nach-

weisen. In der gezeichneten Seitenansicht nicht zu erkennen und im Text unerwähnt sind Speigatten zur Deckentwässerung. Jedoch läßt sich heute das Rother-Fahrzeug mit einem wasserdichten Deck nicht vorstellen, wenn gleichzeitig eine Deckentwässerung fehlt.

Die Planken eines wasserdichten Decks, die üblich in Schiffslängsrichtung gelegt werden, erfordern mehr als vier oder fünf Auflagepunkte. Meistens werden die Decksbalken oder im Bereich der Luken die Steckbalken mit einem gegenseitigen Abstand eingebaut, der dem der Spanten ähnlich ist. Die Decks- und Steckbalken liegen auf dem Balkweger auf, der als Längsbalken jeweils innen an den Spanten befestigt ist. Einzelne Querbalken, die die Außenhaut durchstoßen, und ein Deck, das auf einem relativ engen Raster von Decksbalken aufliegen muß, um wasserdicht zu sein, passen nach unserer Vorstellung nicht zusammen. Möglicherweise sind dem Siegelschneider beim Auftrag für Yarmouth die fünf Durchstoßpunkte in der Außenhaut nur etwas hoch geraten, so daß sie uns auch wie Speigatten erscheinen. Weil sie im Yarmouth-Siegel anders als in Fig. 26 quadratisch geschnitten und in Schiffslängsrichtung ebenso angeordnet sind wie die Querbalken auf den früheren Siegeln, ist wahrscheinlich, daß noch um 1300 die Nef ohne durchlaufendes Deck gebaut wird.

Nach dem Siegel von Dover aus dem Jahre 1284 hat man ein Nef-Modell (Fig. 27) gebaut, das im Science Museum London als Leihgabe ausgestellt ist. Die mitgeteilten Hauptabmessungen betragen: Länge 21,3 m, Breite 7,6 m und Raumtiefe 3,8 m. Breite und Raumtiefe überschreiten die Werte, die sich aus den noch zu nennenden Maßproportionen ergeben. Das vordere Kastell hat eine breite, viereckige Grundfläche, die beim Rammen ungünsti-

Fig. 27 Nach dem Siegel aus Dover gebautes
Nef-Modell, das ein durchlaufendes Deck
besitzt. Der Bugspriet trägt außer dem
Zweig einen Draggen, der bei Schiffs-
kämpfen benutzt wird.
(Zeichnung: D. Kirsten)

ger ist als ein vorn schmales Kastell, bei dem sich die gegenseitig rammenden Schiffe nicht schon im Bereich der Vorsteven ineinander verhaken. Das durchlaufende Deck hat vor dem Mast eine kleine Luke, die ein spitzes Dach abdeckt, und in Höhe des Seitenruders eine flachgedeckte Luke. Auf den Siegeln nicht dargestellt sind die Ankerklüse und die Durchführungen im Vor- und Achterschiff für Brassen und Schoten. Speigatten fehlen. Fraglich sind die ausgewebten Wanten.

In dem Kapitel „Einmastige englische Schiffe" einer Druckschrift, mit der das Science Museum über seine ausgestellten Schiffsmodelle berichtet, ist ein weiteres Modell eines Cinque-Ports-Schiffs (Fig. 28) abgebildet. Dort ist das Seitenruder wieder steuerbords. Bis auf die nun drei Wanten ohne Webleinen, die nicht zum Heck geführten Segelfallen und die zusätzlichen Toppnanten ist es wie das vorherige Modell getakelt. Mittschiffs sind zwischen beide Kastelle Längs- und Querbalken auf die Außenhaut gesetzt, für die es bei den Siegeln keine Belege gibt.

Die Druckschrift des Science Museums nennt auch mögliche Maßproportionen für die Nef und für jüngere Schiffe des Mittelalters. Das Verhältnis von Kiellänge zur Schiffsbreite ist damals maßgebender als die Längen-Breiten-Proportion. Noch um 1550 ist ein Kiellängen : Breiten-Verhältnis von 2 eine allgemein akzeptierte Proportion, die einen L:B-Wert von etwa 3 ergibt. Wahrscheinlich hat die Nef der Cinque Ports einen größeren L:B-Wert, der jedoch unter den 3,6 der großen Skuldelev-Knorre liegt. Für gedeckte Schiffe ist außerdem über einige Jahrhunderte ein Breiten : Laderaumtiefen-Verhältnis von 2:1 üblich. Die große Skuldelev-Knorre ist max. 4,6 m breit und hat als mittschiffs offenes Fahrzeug bei 2 m Seitenhöhe eine nutzbare Innentiefe von etwa 1,6 m. Das ergibt einen B:T-Wert von 2,8. Für die Nef der Cinque Ports wird von uns ein Wert angenommen, der von 2,6 bei den älteren bis zu 2,2 bei den jüngeren Fahrzeugen reicht. Auch bei der Nef wird, als sie mittschiffs noch offen ist, die Fracht nur wenig oberhalb des Kiels geladen. Passagiere und Besatzung haben ihren Platz auf den Decks im Vor- und Achterschiff und im Mittelschiff auf Bodenbrettern, die in einiger Höhe über dem Kiel ihre Auflage haben. Das wäre eine Erklärung für die auf den Siegeln abgebildeten Seeleute, Soldaten, Händler und die am Bischofsstab kenntlich gemachte Geistlichkeit, die alle erst ab Hüfte oder Brustkorb zu sehen sind. Andererseits, um auch Zweifel an dieser Annahme vorzutragen, würde ein Siegel merkwürdig aussehen, wenn von den Menschen nur die über den Bordgang reichenden Köpfe zu sehen wären.

Die Siegel der Cinque-Ports-Städte zeigen keine einheitlichen Flaggen und Wimpel. In die Siegel von Winchelsea und Pevensey ist zusätzlich zu den Flaggen in den freien Raum unter der Rah ein Wappenschild geschnitten, das drei gleichartige, übereinander angeordnete Figuren zeigt, die jeweils aus einem Löwen bestehen, dessen Rumpf mit Hinterläufen und Schwanz zu einem Schiffsheck mit Kastell gewandelt ist. Diese Figuren schmücken auch die Flaggen auf dem Hastings-Siegel. Aus blauem und rotem Tuch genäht und mit drei gelben Figuren versehen, ist sie die Flagge der Cinque Ports. Sie wird meist auf dem Achterkastell gesetzt. Der Masttopp trägt eine dreigeschwänzte weiße Flagge mit einem roten St.-Georgs-Kreuz. Die Segel selbst sind ohne Kennzeichen und Wappen. Viereckige Wappenschilder auf den Segeln der Royal-Navy-Schiffe erscheinen erst nach 1340.

Bei der weiteren Entwicklung, die die Nef im 14. und 15. Jahrhundert erfährt, sind

Fig. 28 Modell einer Nef mit auf die Außenhaut gesetzten Längs- u. Querbalken
(Zeichnung: D. Kirstcn)

drei Punkte besonders zu erkennen. Erstens bekommt das Ruder bereits Ende des 13. Jahrhunderts seinen Platz im Heck, wo es geschützter angeordnet ist. Ein schweres Ruder, für das mehr als zwei Beschlagösen nötig sind, läßt sich nicht an einem gekrümmten Steven anbringen, weil die Drehachse des Ruders eine Gerade ist. Deshalb erhalten die größeren Fahrzeuge mit dem Übergang zum Heckruder einen geraden Achtersteven. Zweitens erfährt der Schiffskörper eine Reihe von Umbildungen. Die Kastelle werden mit der Außenhaut und den Steven verbunden. Außerdem wird ein Deck eingebaut. Dafür sind Decksbalken mit relativ geringem Abstand erforderlich. Für ihre Auflage sind Balkweger zweckmäßig, die innen auf die Spanten gesetzt sind. Dadurch werden die Querbalken nicht mehr benötigt, die die Außenhaut durchstoßen und Ansatz für Leck- und Faulstellen sind. Auch lernte man, den Mast nicht mehr mit einer Ducht sondern in einer zwischen zwei Decksbalken gesetzten Fischung zu halten. Weiterhin wird die geklinkerte Beplankung zugunsten einer krawel beplankten Außenhaut aufgegeben, bei der nach Kiel und Steven das Spantengerüst aufzustellen ist, das dann erst beplankt wird.

Dritter Schwerpunkt der Entwicklung ist die Beseglung. Bei nur einem Rahsegel bestehen Grenzen für die Vergrößerung der Segelfläche. Sowohl die Segelhöhe, deren Vergrößerung den Angriffspunkt der resultierenden Windkräfte nach oben bringt, was das krängende Moment zusätzlich anwachsen läßt, als auch die Segelbreite lassen sich nicht beliebig steigern. Mit wachsender Segelbreite steigen am unteren Segelhals die Kraftkomponenten, die in Schiffsquerrichtung wirken, und das Segel baucht stark aus. Um mehr Segelfläche setzen zu können und außerdem die

Bedienbarkeit der Segel zu erleichtern und drittens die Steuerbarkeit des Fahrzeugs zu verbessern, wird vor und hinter den Hauptmast jeweils ein kleinerer Mast gesetzt. Während der Vormast wie der Mittelmast ein Rahsegel trägt, setzt sich am Achtermast ein Lateinsegel durch.

Insgesamt steht die frühmittelalterliche Cinque-Ports-Nef ebenso wie die Kogge weit am Anfang einer vielschichtigen, von vielen Faktoren abhängigen Entwicklung, die der westeuropäische Segelschiffbau am Kanal und in den benachbarten Gebieten durchlief und schließlich im 19. Jahrhundert, auch unter Einwirkung des nordamerikanischen Schiffbaus, zu Segelschiffen führte, die uns heute von den Windjammerparaden bekannt sind.

Eine Nef des 13. Jahrhunderts aus Winchelsea

Die nachfolgend vorgestellte Konstruktion eines Cinque-Ports-Schiffs richtete sich hauptsächlich nach dem Winchelsea-Siegel. Einzelne Details wurden jedoch nach anderen Nef-Siegeln gestaltet.

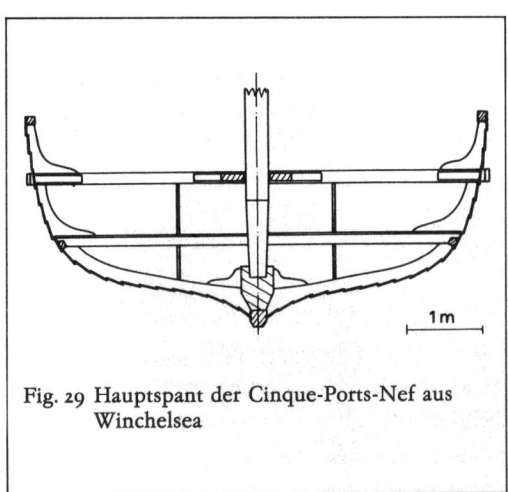

Fig. 29 Hauptspant der Cinque-Ports-Nef aus Winchelsea

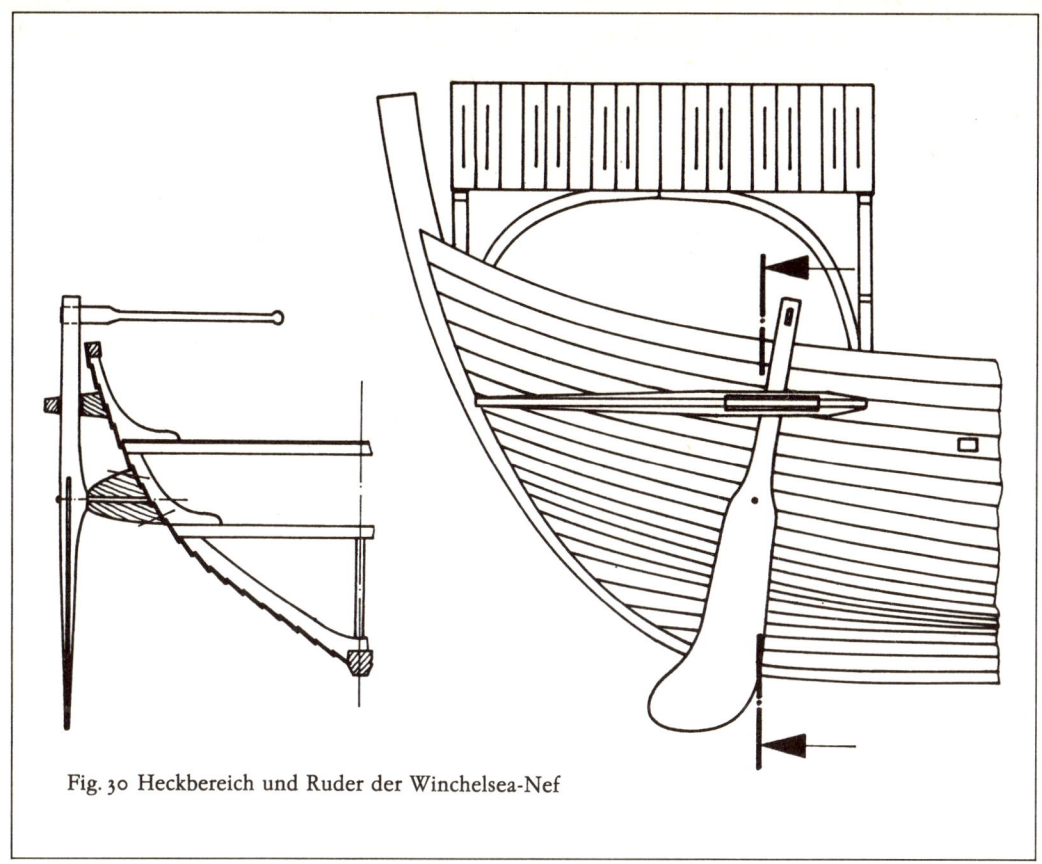

Fig. 30 Heckbereich und Ruder der Winchelsea-Nef

Als Länge über alles wurden 20,5 m angenommen. Aus den bereits diskutierten Maßproportionen ergeben sich dann eine maximale Schiffsbreite von 6,0 m und eine Seitenhöhe mittschiffs von Unterkante Kiel bis Oberkante Dollbord von 2,7 m.

Ähnlich wie bei den genannten Rekonstruktionen wird eine völlige Schiffsform gewählt (Tafel 3), die sich im mittleren Bereich des Fahrzeugs nur wenig ändert.

Die Balkensteven und die geklinkerte Außenhaut entsprechen den Darstellungen auf den Siegeln und den überlieferten Wikingerschiffen. Der gerade Kiel hat einen trapezförmigen Querschnitt und ist durch Schräglaschen mit den Steven verbunden. Zur Aufnahme der Plankengänge sind in Kiel und Steven Sponungen eingearbeitet.

Die innere Aussteifung des Schiffs (Tafel 4) erfolgt im unteren Bereich durch Spanten mit aufgelegten Decksbalken, die Bite genannt werden (Fig. 29). Ein Kielschwein trägt den Mast und verstärkt den Schiffsboden. Über weite Bereiche des Schiffs ist beidseitig dort, wo Biten und Spanten zusammentreffen, ein Weger eingebaut, der direkt auf einen Plankengang gesetzt ist. Knie, die auf den Biten stehen, stützen den mittleren Bereich der Außenhaut. Fünf Querbalken, von denen der mittlere gleichzeitig Mastducht ist, durchstoßen die Außenhaut. Nach damals allgemein üblicher Ansicht waren sie nötig, um die Querfestigkeit des Schiffskörpers zu gewährleisten. Knie, die beidseitig an die Mastducht oder einseitig an die Querbalken gesetzt sind, verstärken deren Anbin

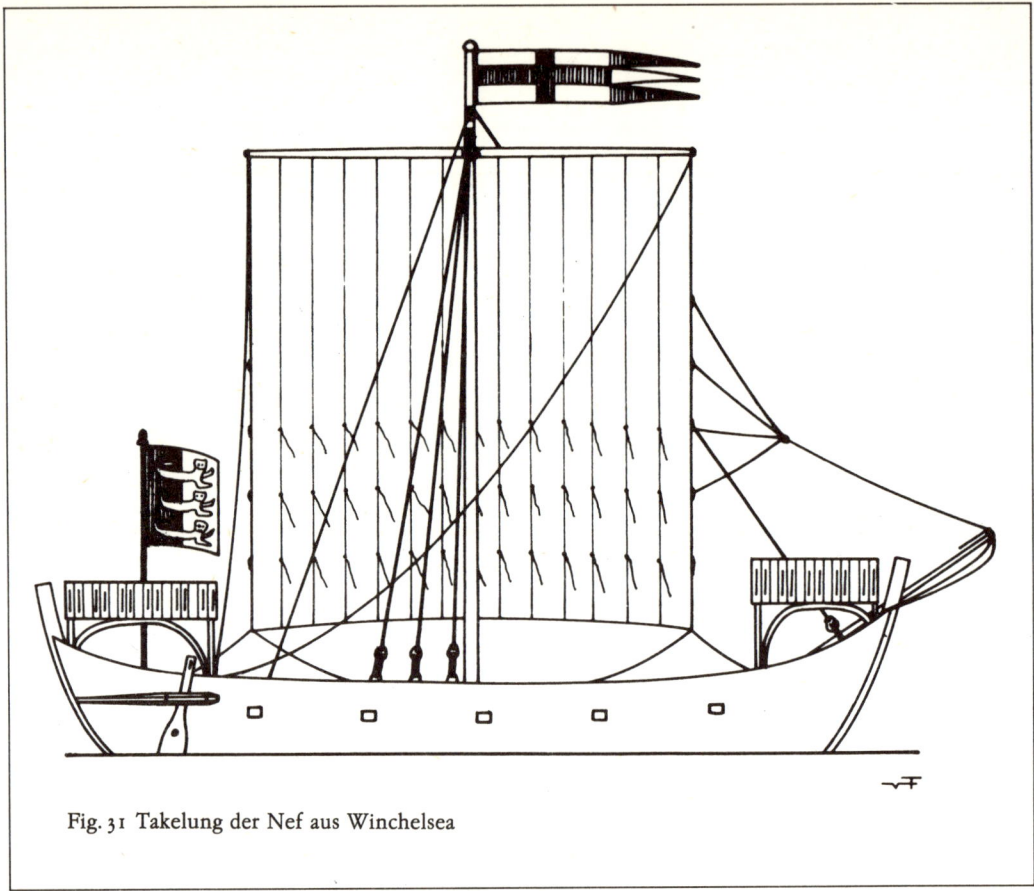

Fig. 31 Takelung der Nef aus Winchelsea

dung an die Außenhaut.

Im Bug und im Heck ist jeweils ein höher liegendes Deck angeordnet, das bei den äußeren Querbalken endet. Der mittschiffs nach oben offene Frachtraum ist durch die Querbalken viergeteilt. Auf den Biten liegen die Bodenbretter auf, wenn Menschen transportiert werden. Bei Ladungstransport lassen sich fast alle Bodenbretter abnehmen und möglicherweise auf die Spanten auflegen. Davon ausgenommen sind die Bodenbretter, auf denen die Stiegen stehen, die die Decks mit dem Frachtraum verbinden.

Den oberen Bereich der Außenhaut verstärken Auflanger, die jeweils neben den auf die Biten gesetzten Knien angeordnet sind, und Knie, die sich auf den Querbalken abstützen, sowie ein Balkweger, der innen gegen den Bordgang genagelt ist.

Zur Ausrüstung des Schiffs gehört der Mast, den ein Kielschwein und die Mastducht sowie das Vorstag und die Wanten halten. Der staglose Bugspriet, der im Schiff auf einem Querbalken ruht und den man außerdem mit dem Vorsteven verbolzt hat, ist Holepunkt für eine Bulin, die die Luvkante des Rahsegels bei Am-Wind-Kursen hält. Außerdem läßt sich mit ihm der nicht eingezeichnete Stockanker bequemer handhaben. Fußpunkte für die Taljereeps der Wanten sind Püttinghölzer, die innen gegen die Außenhaut gesetzt sind. Zusätzlichen Halt haben diese Püttinghölzer durch den Balkweger des Bordgangs.

Auf das achterliche Deck ist eine kleine Winde gestellt, mit der auch das Segel gehievt und gefiert werden kann. Vor der Winde ist eine Nagelbank. Außerdem sind an den Außenhautplanken im Vor- und Achterschiff Belegklampen vorhanden.

Gesteuert wird die Nef aus Winchelsea mit einem steuerbords befindlichen Ruder (Fig. 30). Es wird mit einem Tau und einem auf die Außenhaut gesetzten Klotz am Schiff gehalten. Außerdem hat es Führung durch einen von der Außenhaut getragenen Balken, der ein Schloßstück hat. Mit ihm läßt sich das Ruder bei flachem Wasser aus der Führung herausnehmen. Der Balken schützt das Ruder vor Beschädigung beim Rammen eines anderen Schiffs oder beim Anlegen im Hafen.

In Tafel 4 nicht eingezeichnet sind die wahrscheinlich vorhandenen Einrichtungen zum Rudern der Nef, um bei Flaute und in für Segelmanöver zu engen Gewässern, deren Tiefe ein Staken nicht zuläßt, vorwärtszukommen. Denkbar sind Bohrungen für Dollenpflöcke im Bordgangweger des Heck- und Bugbereichs. Das reffbare Rahsegel hat etwa 130 m² Segelfläche.

Es wird durch zwei Fallen, durch Schoten, Halsen, Brassen und Bulins bedient (Fig. 31). Mögliche Geitaue sind nicht gezeichnet. Das Segel hat parallel zum Unterliek drei Reihen Reffbändsel.

Das Cinque-Ports-Schiff besitzt ein Vorderpodest, das die unter ihm liegende Außenhaut seitlich nicht überragt, und ein Heckpodest. Die Podeste stützen sich mit einem Tragbalken auf den Steven ab und stehen mit vier Stützbalken auf einem Querbalken, der zur Deckkonstruktion gehört. Die Podeste sind in sich selbst so ausgesteift, daß sie keine wesentliche Biegemomente auf das Schiff übertragen. Bauklammern verbinden die Stützbalken der Podeste mit dem Schiff. Die Podeste haben eine schmucklose Brüstung. Sie sind über Stiegen zu erreichen, die sprossenwandartig zwischen die Stützbalken gezimmert sind.

Das Modell führt auf dem Heckpodest eine blau-rote Flagge mit den bereits beschriebenen gelben Figuren, die einen Löwen und ein Schiff miteinander vereinen.

Am Masttopp ist mit einer Flaggenleine eine weiße, dreigeschwänzte Flagge befestigt, die ein rotes Kreuz ziert.

Zum Modellbau

Wie die Wikingerschiffe sind auch die Normannenfahrzeuge offen. Ein derartiges Modell muß nicht nur die Außenkontur des Rumpfes, sondern auch den inneren Aufbau wiedergeben. Bei einfacher Takelung erfordert der Modellbau des Schiffskörpers Fertigkeiten. Die Baumallen und die Form der Spanten muß man sich selbst aus den gedruckten Rissen herauszeichnen, die so auf die Außenhaut bezogen sind, daß die Konstruktionsspanten der Risse durch die Lahnung der geklinkerten Außenhaut gehen. Auch muß man die Kontur der Planken selbst ermitteln. Dabei wird ein Probieren mit Verwerfen und erneutem Zuschneiden nicht zu vermeiden sein.

Nachdem man sich über den Modellmaßstab im klaren ist und genügend abgelagertes Eichenholz zur Verfügung steht, kann der Bau beginnen. Als Helling dient ein stabiles, gehobeltes Brett. Auf ihm werden die drei oder fünf Baumallen befestigt. Die Baumallen sollten so hoch sein, daß zwischen Bootskörper und Helling genügend Platz bleibt, der zum Setzen von Klammern beim Verleimen der Planken nötig ist. Die Mallen haben einen Ausschnitt, in den der obere Kielbereich gerade hineinpaßt. Der Kiel wird zusammen mit den vorher angelaschten Stevenhölzern aufgesetzt. Die Steven werden etwas länger geschnitten und direkt oder über eine Zwischenlage fest mit der Helling verbunden. Vom Kiel aus beginnend, werden dann die Planken gesetzt und gegenseitig verleimt. „Zier"-Nieten werden nachträglich angebracht. Um die Planken spannungsfrei einzubauen, ist ein vorheriges Verformen nötig. Vorzuziehen ist dafür ein trockenes Erwärmen auf der Schutzhülse eines elektrisch beheizten Lötkolbens. Die Planken selbst sägt man mit einer feingezahnten, scharfen Kreissäge als dünne Leisten. Das Aufplanken wird bis zum Bordgang oder erst einmal bis zu der Höhe vorgenommen, in der die Spanten enden. Möglicherweise haben die englischen Bootsbauer vor über 700 Jahren – anders als die Wikinger – zuerst die Spanten und dann die Planken gesetzt.

Nach dem Abnehmen des Modells von der Helling beginnt der innere Ausbau mit dem Anpassen und Einleimen der Spanten, dem Aufsetzen des Kielschweins mit dessen Aussteifungen, dem Einbau der Decksbalken und so fort. Nach Fertigstellung des Rumpfes sind sorgfältig alle Bleistiftmarkierungen und Leimtropfen abzuarbeiten. In Anlehnung an den Original-Anstrich mit hellem Holzteer sollte dann Halböl oder Firnis auf das Modell aufgetragen werden. Ein Farbanstrich einzelner Teile oder ein Lackieren ist nicht vorzusehen.

Das Rahsegel der Normannenschiffe besteht aus aneinandergenähten, buntgefärbten Stoffbahnen, die Kleider genannt werden. Das Modellsegel ist aus einem Stoffstück zu schneiden. Die Kleider sind durch falsche Nähte anzudeuten. Das Liektau aus zusammengedrehtem Zwirn ist mit seiner Spannung dem Segel anzupassen, damit das Modellsegel nicht von dort unerwünschte Falten erhält. Günstig erweist sich ein Anstreichen des Segels mit Stoffarbe.

Beim Modell sollte die Stärke des Tauwerks so gewählt werden, daß sie die Proportionen der jeweils im Original zu übertragenden Kräfte erkennen läßt. Falls nötig, kann man das benötigte Tauwerk auch selbst schlagen. Relativ einfach ist das Zusammendrehen einer zweikardeeligen Imitation, wofür einfaches Sattlergarn zwischen Daumen und Zeigefinger gedreht und gleichzeitig umeinander gewickelt wird. Schwierig ist es, dem laufenden Gut im Modell den Durchhang zu geben, den es beim Schiff durch Eigengewicht hat.

Für das auf einen Fuß gestellte Modell kann eine Glasabdeckung günstig sein, die aus fünf mit Silikonkautschuk zusammengeklebten Glasscheiben besteht.

Literatur

Åkerlund,H.: *Ass och beitass. Något om vikingarnas rigg och segelförning.* Unda Maris 1955–1956

Dudszus, A., E. Henriot und F. Krumrey: *Das große Schiffstypenbuch.* Berlin 1983

Ellmers, D.: *Frühmittelalterliche Handelsschiffahrt in Mittel- und Nordeuropa.* Neumünster 1972
Ewe, H.: *Schiffe auf Siegeln.* Rostock 1972

Fillitz, H.: *Das Mittelalter.* In: Propylän Kunstgeschichte. Berlin 1969
Fircks, J.v.: *Wikingerschiffe.* Rostock 1979

Herrmann, J.: *Wikinger und Slawen.* Berlin 1982

Köller, H., und B. Töpfer: *Frankreich. Ein historischer Abriß.* Berlin 1973

Landström, B.: *Das Schiff.* Gütersloh 1961
Lienau, O.: *Der Teppich von Bayeux. Mit Zeichnungen von F. Kirschen.* Schiffbau, Schiffahrt und Hafenbau 42 (1941), s. 284–298
Lloyd, Ch.: *Atlas zur Seefahrtsgeschichte.* Oldenburg, Hamburg 1975

Marsden, P.: *Blackfiars Wreck III.* Int. Journ. Naut. Archaeolog. 1 (1972), S. 130–131
McPherson Rice, W.: *Account of an Ancient Vessel recently under the old Bed of the River Rother.* Archaeologia 20 (1824), S. 553–565

Morton, A.: *A People's History of England.* Berlin 1965
Murray, K.M.E.: *The constitutional History of the Cinque Ports.* Manchester 1935

Olsen, O., und O. Crumlin-Pedersen: *The Skuldelev Ships.* Acta Archaeolog. 38 (1967), S. 73–174

Theisen, J.: *Frankreich.* Stuttgart, Berlin, Köln 1969
Tuxen, K.: *Geschichte Englands.* Stuttgart 1968

Winter, H.: *Das Hanseschiff im ausgehenden 15. Jh.* Rostock 1961

Atlas zur Geschichte. Gotha, Leipzig 1973
Der Wandteppich von Bayeux. (Mitarbeit F. Stenton) Köln 1957
Encyclopaedia Britannica. Chikago, London, Toronto, Geneva, Sydney, Tokyo, Manila 1967
The English One-Masted-Ship. Schrift des Science Museum London, Water Transport Dep.
The Graveney Boot. British Archaeolog. Reports 53 (1978)
The History of the Sailing Ship. New York 1975
Thule. Altnordische Dichtung und Prosa. Heimskringla. Bd. 14 bis 16, Jena 1928

Anhang

Anmerkung zu Seite 34:

Beim Baggern in einem Moor bei Graveney in der Nähe von Canterbury werden 1970 Schiffsplanken mit massiven Bodenwrangen gefunden, die zu einem ursprünglich etwa 15 Meter langen Boot gehören, das aus der zweiten Hälfte des 9. Jahrhunderts stammt. Das als Handelsfahrzeug gedeutete Boot ist möglicherweise nicht in England gebaut worden. Ebenfalls 1970 werden Bodenteile von einem ähnlich großen Boot aus der ersten Hälfte des 15. Jahrhunderts in Blackfiars/London bei Wasserbauten freigelegt. Das Blackfiars-Wrack-III war wahrscheinlich ein Fischerboot mit Mast und Segel. Beide Fahrzeuge besitzen klinkerbeplankt jeweils eine Bodenplanke, die anders als ein Kiel eine breite, waagerecht liegende Mittelplanke ist, die eine schiffsförmig gestaltete Kontur hat.

An der deutschen Ostseeküste werden bestimmte Typen von Fischerbooten auf eine Bodenplanke gebaut, die dort Sohle heißt. Die Strandboote, die bei Nichtgebrauch auf Land gezogen werden, die Boote vom Typ Heuer, die vom Oderhaff ausgehend ihre Verbreitung erreichen, und die bis zu 12 Meter langen Zeesenboote, die vor dem Wind quertreibend ihr Schleppnetz ziehen, besitzen eine Sohle. Die Heuer mit Segeln und die Zeesenboote haben ein Schwert, um beim Segeln die Abdrift gering zu halten. Dagegen besitzen die seegehenden Handelssegler der Ostseeküste einen Kiel.

Allgemein ist ein Kiel ein gleichbleibend dicker, hochkant gestellter Balken, der über den Schiffsboden nach unten heraus ragt und dadurch beim Segeln die Abdrift verringert. Außerdem treten im Schiffskörper durch Eigengewicht, Beladung und Seegang mechanische Beanspruchungen auf, die hohe Zug- und Druckkräfte im Boden und im oberen Rumpfbereich ergeben können, was dort den Einsatz von Hölzern mit insgesamt hoher Querschnittsfläche erfordert. Im Bodenbereich bietet sich dafür der Kiel an.

Insgesamt ist es für über 20 Meter lange, aus Holz gebaute Seeschiffe von Vorteil, wenn sie einen Kiel haben. Deshalb wird auch die Nef der Cinque Ports mit einem Kiel gezeichnet, obgleich alle bislang in England gefundenen Fahrzeuge vom Sutton Hoo-Boot aus der Zeit um 600 über das Graveney-Boot bis zum Blackfiars-Fahrzeug des 15. Jahrhunderts eine Bodenplanke besitzen.

Tabelle 1

Normannische Herzöge, englische und französische Könige im frühen Mittelalter. Vor die Namen sind die Jahreszahlen ihrer Regentschaft gesetzt.

Englische Könige

Angelsachsen

871– 899	Alfred der Große
899– 924	Eduard der Ältere
924– 939	Aethelstan
939– 946	Edmund I.
946– 955	Edred
955– 959	Edwin
959– 975	Edgar
975– 978	Eduard der Märtyrer
978–1016	Aethelred
1016	Edmund II.

Dänen

1016–1035	Knut der Große
1035–1040	Harald I.
1040–1042	Hardeknut

Angelsachsen

1042–1066	Eduard der Bekenner
1066	Harald II.

Normannen

1066–1087	Wilhelm I., der Eroberer
1087–1100	Wilhelm II.
1100–1135	Heinrich I.
1135–1154	Stephan von Blois

Haus Anjou-Plantagenet

1154–1189	Heinrich II.
1189–1199	Richard I. Löwenherz
1199–1216	Johann ohne Land
1216–1272	Heinrich III.
1272–1307	Eduard I.

Französische Könige

Karolinger

843– 877	Karl II., der Kahle
877– 879	Ludwig II., der Stammler
879– 884	Karlmann
885– 887	Karl der Dicke
888– 898	Odo von Paris
893– 923	Karl III., der Einfältige
922– 923	Robert I. von Francien
923– 936	Rudolf von Burgund
936– 954	Ludwig IV.
954– 986	Lothar
986– 987	Ludwig V., der Faule

Kapetinger

987– 996	Hugo Capet
996–1031	Robert II.
1031–1060	Heinrich I.
1060–1108	Philipp I.
1108–1137	Ludwig VI., der Dicke
1137–1180	Ludwig VII.
1180–1223	Philipp II.-August
1223–1226	Ludwig VIII.
1226–1270	Ludwig IX., der Heilige
1270–1285	Philipp III., der Kühne
1285–1314	Philipp IV., der Schöne

Normannische Herzöge, die Wikinger oder deren direkte Nachkommen sind:

911– 933	Rollo
933– 942	Wilhelm I. Langschwert
942– 996	Richard I.
996–1026*	Richard II.
1026*–1028	Richard III.
1028–1035	Robert I.
1035–1087	Wilhelm II. (ab 1066 als Wilhelm I. engl. König)
1087–1106	Robert II. Kurzhose
1106–1135	Heinrich I.

* oder 1027

Tabelle 2

Längen:Breiten-Verhältnis einiger Wikingerschiffe

| Name des Schiffs | Baujahr etwa | Abmessungen in Metern | | Verhältniswert L:B |
		Länge	Breite	
Nydam	4.Jh.	22,85	3,26	7
Kvalsund	älter als 8.Jh.	18	3,2	5,6
Oseberg	850	21,44	5,10	4,2
Gokstad	850	23,2	5,2	4,5
Skuldelev-Langschiff	1000	28	4,5	6,2
Skuldelev-Mannschaftsschiff	1000	18	2,6	6,9
Skuldelev-Große Knorre	1000	16,5	4,6	3,6
Skuldelev-Kleine Knorre	1000	13,3	3,3	4

Tabelle 3

Mögliche Zusammensetzung der Flotte, mit der die normannische Armee in der Nacht vom 27. zum 28. September 1066 über den Kanal nach England segelt.

Schiffs-typ	$L_{üa}$	B_{max}	L:B	Tragfähigkeit je Schiff Männer	Pferde	Anz. der Schiffe	Anz. der transport. Männer	Pferde
Mora	24	5,5*	4,5	180	–	1	180	–
20 m	20	5,5	3,6	30	12	50	1500	600
				100	–	5	500	–
16 m	16	4,6	3,5	20	10	75	1500	750
14 m	–	–	–	10	6	110	1100	660
10 m	10	2,6	3,8	20	–	160	3200	–
				Gesamtsumme, etwa:		400	8000	2000

* Die max. Breite, die Lienau mit 6,0 m annimmt, ist auf 5,5 m reduziert.

Tabelle 4

Merkmale der auf den Siegeln dargestellten Nef

Stadtname; Jahr der ersten Siegelbenutzung	Außenhaut; Steven; Querbalken	Seitenruder; Anker; Ausrüstung	Kastelle; Mastkorb	Segel; Spieren	Stehendes und laufendes Gut	Darstellung der Menschen im Mittelbereich der Nef	Flaggen; Wimpel; u.ä.
Dunwich 1199	hochgezogene Steven; vier Querbalken durchstoßen die Außenhaut	Ruder stb	Kastelle ohne Verbindung zu den Steven; Mastkorb mittig um den Mast	Rah mit aufgetuchtem Segel	Vorstag; je drei Wanten; Segelfall	etwa ab Brustkorb	Masttopp mit Flagge, die drei Löwen zeigt; jedes Kastell mit einer kleinen Flagge
La Rochelle 1200	an den Steven enden die Planken gestuft	ohne	ohne	Rahsegel mit drei Reihen Reffbändseln	Vorstag; Wanten; Segelfall	–	ohne Flaggen; Masttopp trägt ein Kreuz
Santander 1228 (Siegel teilw. zerstört)	–	Ruder bb	nur Heckkastell; Mastkorb mittig um den Mast	Rah mit aufgetuchtem Segel	Stage; Wanten; Brassen	etwa ab Gürtellinie	Masttopp mit Knopf und zweigeschwänzter Flagge
Pevensey 1230	–	Ruder stb; Ankertau; im Heck Handspaken einer Winde	Vor- und Achterkastell ohne Verbindung zu den Steven	Rah mit aufgetuchtem Segel	Vorstag; Wanten mit drei Querleinen; zwei Segelfallen; Brassen	ab Hüfte	Masttopp mit Kreuz und zweigeschwänzter Flagge; Bugkastell mit Flagge
Sandwich 1238	Plankengänge gestückt; drei Querbalken durchstoßen die Außenhaut	Ruder stb; Beiboot kielunten neben dem Mast	Kastelle ohne Verbindung zu den Steven; Mastkorb vor dem Mast	Rah mit aufgetuchtem Segel; Bugspriet	Vorstag; Wanten; zwei Segelfallen; Bulins	ab Brustkorb	Masttopp mit Knopf und Wimpel; beide Kastelle mit je einer Flagge

Stadtname; Jahr der ersten Siegelbenutzung	Außenhaut; Steven Querbalken	Seitenruder; Anker; Ausstung	Kastelle; Mastkorb	Segel; Spieren	Stehendes und laufendes Gut	Darstellung der Menschen im Mittelbereich der Nef	Flaggen; Wimpel; u.ä.
San Sebastian 13.Jh.	Püttinghölzer für die Wanten	Ruder stb; Stockanker am Vorsteven	nur Heckkastell	Rah mit aufgetuchtem Segel; Bugspriet	Vorstag; Wanten mit drei Querleinen; Bulins; Brassen	ab Gürtellinie	Masttopp mit Knopf und langem Wimpel; Heckkastell mit viergeschwänzter Flagge
Hastings 13.Jh.	zwei Schiffe nebeneinander dargestellt; gestückte Plankengänge	Ruder stb	nur Heckkastell	Rahsegel mit drei Reihen Reffbändseln	Vorstag; Wanten; Backstage oder Segelfallen	etwa ab Brustkorb	Masttopp mit dreigeschw. Flagge; auf dem Kastell eine Flagge mit drei Löwen; das 2. Schiff mit Bugflagge
Hythe 13.Jh.	fünf Querbalken durchstoßen die Außenhaut; gestückte Plankengänge	–	beide Kastelle sind mit den Steven verbunden	Rah mit aufgetuchtem Segel	Vorstag; Wanten; Segelfallen	etwa ab Gürtellinie	ohne Flaggen
Winchelsea 13.Jh.	Querbalken durchstoßen die Außenhaut; Reihen von Spantnägeln	Ruder stb mit zusätzl. Schutzhölzern; Ankertau; Handspaken einer Winde	Kastelle ohne Verbindung zu den Steven	Rah mit aufgetuchtem Segel	Vorstag; Wanten; zwei Segelfallen	etwa ab Hüfte	Masttopp mit Kreuz und zweigeschwänzter Flagge; Bugkastell mit Flagge
Portsmouth 13.Jh.	Bordgang achtern stückweise unterbrochen	Stockanker	Achterkastell vor Hecksteven und Bugkastell um Vorsteven gebaut	Rah mit aufgetuchtem Segel	Vorstag; drei Wanten; zwei Segelfallen	ab Brustkorb	am Masttopp dreigeschwänzte Flagge

Stadtname; Jahr der ersten Siegelbenutzung	Außenhaut; Steven Querbalken	Seitenruder; Anker; Ausstung	Kastelle; Mastkorb	Segel; Spieren	Stehendes und laufendes Gut	Darstellung der Menschen im Mittelbereich der Nef	Flaggen; Wimpel; u.ä.
Faversham 13.Jh.	Bordgang mit Schutzzaun unter dem Achterkastell	Ruder stb	beide Kastelle um die Steven gebaut	Rah mit aufgetuchtem Segel; Bugspriet	Vorstag; Wanten; zwei Segelfallen	ab Brustkorb	Masttopp mit Wimpel; Kastelle mit je einer Flagge
Dover 1284	gestückte Plankengänge; Püttingringe für die Wanten	Ruder stb	Kastelle enden über bzw. vor den Steven; Mastkorb vor dem Mast	Rah mit aufgetuchtem Segel; Bugspriet	Wanten; Brassen	etwa ab Brustkorb	Masttopp mit dreigeschwänzter Flagge; Heckkastell: Flagge mit drei Löwen; Bugspriet: Blätterzweig
Yarmouth um 1300	fünf Durchstoßstellen unter dem oberen Plankengang	Ruder stb	Kastelle sind mit den Steven verbunden; Mastkorb vor dem Mast	Rah mit aufgetuchtem Segel; Bugspriet	Vorstag; Wanten; Bulins; Brassen	ein Seemann steht so hoch, daß sein Knie sichtbar ist	Masttopp mit Wimpel; auf dem Achtersteven ein Blätterzweig

Abbildungen

Abb. 1 Der Bayeux-Teppich zeigt Haralds Fahrzeug bei der Landung an der französischen Kanalküste. Im noch segelnden Schiff rudern zwei Seeleute mit langen Riemen, die im Bugbereich aufliegen. Mit einem Lot wird die Wassertiefe geprüft. Der Anker ist zum rechtzeitigen Werfen vorbereitet. Beim abgetakelten Fahrzeug ist der unterbrochene Bordgang deutlich sichtbar.

Abb. 2 Normannische Schiffbauer fällen Bäume, bearbeiten Planken und bauen Fahrzeuge für die große Normannenflotte des Jahres 1066.

Abb. 3 Der Bayeux-Teppich zeigt inmitten der normannischen Flotte Herzog Wilhelms
Schiff MORA. Einzelne Schiffe sind mit Dollenlöchern im durchgehenden Bordgang dargestellt. Deutlich sind auch Fahrzeuge mit Pferden an Bord zu erkennen.

Abb. 4 Wilhelms Schiff MORA. Mit der großen Laterne auf dem Mast wird das Signal
zum Aufbruch gegeben. Auch dient sie als Orientierung für die Flotte bei der
nächtlichen Kanalüberquerung.

Abb. 5 Schiffe der normannischen Flotte, die auf dem Bayeux-Teppich vor Wilhelms Fahrzeug segeln.

DINANTES · ET · CVNAN · CLAVES · POR REXIT · F
DEI
AI

Abb. 6 Den angreifenden normannischen Reitern und Kriegern werden die Stadtschlüssel aus Dinan übergeben.

Abb. 7 Modell eines Langschiffs aus Wilhelms Flotte

Abb. 8 Nachbau der großen Skuldelev-Knorre. Mit der SAGA SIGLAR segelten der Norweger Thorset und dessen kleine Mannschaft von Norwegen über die Nordsee die Seine aufwärts bis nach Paris. Diese Fahrt war Generalprobe für die ein Jahr später gelungene Atlantiküberquerung. (Foto: ADN-ZB)

Abb. 9 Die SAGA SIGLAR vereint moderne und alte Technologien miteinander. Rumpf,
Ruder, Mast und Segel sind weitgehend nach alten Vorbildern gestaltet. Zur Na-
vigation und Kommunikation über Satelliten besitzt es technische Einrichtungen, die sich unter der runden Abdeckung hinter dem Mast befinden. Bemer-
kenswert sind die Zurr-Einrichtungen am Unterliek des Rahsegels, mit welchen
Thorset die auf den Bildsteinen der Wikinger abgebildeten Prinzipien aufgreift.

Abb. 10 Hängesiegel der Städte Stralsund und Barth an einer Urkunde vom 4. Mai 1304
(Stadtarchiv Stralsund)

Abb. 11 Ältestes Stadtsiegel aus Dunwich um 1200

Abb. 12 Ältestes Stadtsiegel aus Yarmouth um 1300

Abb. 13 Ältestes Siegel aus Winchelsea im 13.Jahrhundert

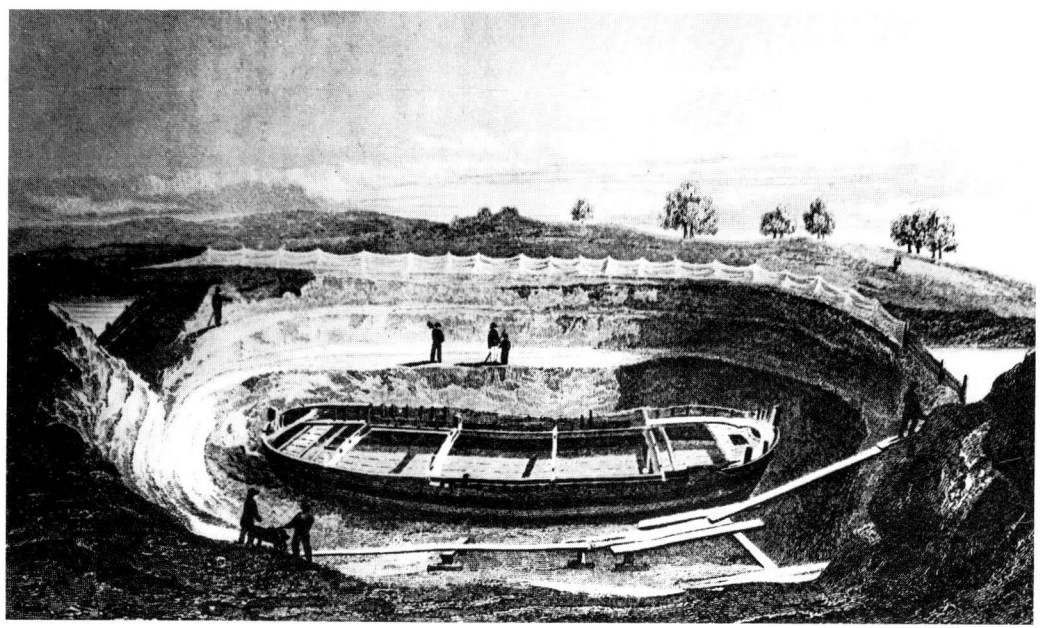

Abb. 14 Das aus einem versandeten Arm des Flusses Rother geborgene Schiff während
der Ausgrabung im Jahre 1822

Abb. 15 Schiff mit Heckruder auf dem Stadtsiegel aus Ipswich im 13. Jahrhundert